삶의 발명

삶의 발명

당신은 어떤 이야기의 일부가 되겠습니까

정혜윤

nox

들어가며

부끄럽지만 내 이야기로 이야기를 시작하겠다. 지난 4월 교통사고를 당했다. 차에 부딪힌 나는 3미터를 날아가 땅에 떨어졌다고 한다. 정신을 차렸을 때는 내 부서진 치아 조각들을 손에 들고 무릎을 꿇고 땅에 앉아 있었다. 아무 소리도 들리지 않았다. 하지만 이내 구급차와 경찰차가 달려왔다. 꼭 크리스마스 캐럴 〈고요한 밤 거룩한 밤〉의 한 구절처럼 사방이 고요했다.

한 달이 지나자 나는 어렵지만 양손으로 세수를 할 수 있게 되었다. 한 달 반이 지나자 걸을 수 있게 되었다. 봄이 한창이었다. 나는 병원 정문을 나와 횡단보도를 건너 처음으로 안양천에 가봤다. 야생화가 흐드러지게 피어 있었다. 노란 나비들이 꽃 사이를 팔랑거리며 날고 있었다. 눈을 뗄 수가 없었다. 야생의 생명력이 가슴으로 흘러들어 왔다. "너무 예뻐!" 나는 전혀 상처받지 않은 사람처럼 자연과 그늘 없는 관계를 맺었다. 많은 것이 그리워졌다. 스페인 내전에서 총상을 당한 뒤 조지 오웰이 한 말이 생각났다. "따지고 보면 마음에 드는 것이 많은 세상이었다." 회복되려면 슬플 정도로 많은 노력을 해야 겠지만, 앞으로 또 슬픈 일을 겪게 되겠지만, 그러나 우리는 기쁨을 위해 태어났다. 나는 이 상처투성이 지구를 엉뚱하게도 회복의 장소로 경험한 셈이다.

돌이켜보면 교통사고가 난 날은 겸손을 배우기 딱 좋은 날이었다. 내가 무엇을 누리든 그것은 한순간에 사라질 수 있다. 하지만 모든 것이 다시 시작되었다. 많은 것을 다시 시작할 수 있는 기회가 나에게 또 한 번 주어졌다. 살아남는 것이 중요한가, 변화하는 것이 중요한가. 나를 통해 묻는 사건이 일어난 것만 같다. 경이롭게 재생할 수 있다면 나를 위해 슬퍼해준 분들에게 은혜를 갚는 일이 될 것이다.

시간이 흐를수록 '반복'이 중요한 단어가 되었다. 나는 어렵게 세수를 배웠고 어렵게 이를 닦는 것을 배웠고 어렵게 샤워를 하는 것을 배웠다. 어렵게 등 지퍼를 올려 원피스를 입고(이것은 아직도 힘들다) 반복적으로 재활 훈련을 하고 어렵게 책상에 앉아 컴퓨터로 글을 쓸 수 있게 되었다. 그러나 그 시간도 소중했다. 밀란 쿤데라의 말이 생각났다. "다시는 돌이킬 수 없는 순간을 살고 있다는 것을 알아야 인간적인 것이다."

카탈루냐의 첼리스트 파블로 카잘스는 수십 년간 아

침에 일어나면 피아노로 바흐의 푸가를 두 곡씩 연주하곤 했다. 그것은 기계적인 반복이 아니라 필수 사항이었다. 그는 그것은 집을 축복하는 방식이자 세계를 재발견하는 방식이고 그 일부가 되는 기쁨을 누리는 방식이었다고 말한다. 카잘스의 이 말을 읽은 것은 오래전 일이지만 잊은 적이 없다. 아침에 일어나 똑같은 유리컵에 찬물을 한잔 마실 때마다, 똑같은 빨간 컵에 커피를 한잔 마실 때마다 문득문득 생각나곤 했다. 일을 할 때도 책을 읽을 때도 생각이 났다.

사고가 나기 전, 나는 그의 말에 영향을 받아 글을 썼고 원고를 거의 완성한 상태였다. 우리에게는 유일무이한 삶, 고유한 삶, 대체 불가능한 자신의 삶의 이야기를 만들고 싶어 하는 창조의 에너지가 있다. 그런데 우리는 각자의 삶을 사는 개별적인 존재이면서 사회적 동물이기도 하다. 우리는 인정과 존중을, 사랑과 우정과 의미를 원하고 그것을 가능하게 해줄 누군가를, 공동체를 찾아 헤맨다. 나는 이것을 관계의 에너지라고 부른다. 따지고 보면 모든 이야기는 관계의 이야기이기도 하다. 내가 쓰던 원고는 창조의 에너지와 관계의 에너지가 균형 있게 만나 기쁘게 이 세계의 일부분이 되는 존재 방식을 찾고자 하는 이야기였다.

지난 몇 년간 내 열정의 대상이 바뀌면서 관계의 범위도 확장되었다. 오로지 인간, 인간, 인간만 생각하고 있던 내가 동물과 야생을 몹시 사랑하게 되었다. 어쩌면 동물의 눈에 담긴 다른 세상을 봤기 때문인지도 모르겠다. 그 열정은 힘이 강해서 읽는 책, 듣고 싶은 이야기, 가고 싶은 곳, 먹고 싶은 음식에까지 영향을 미쳤다. 레이첼 카슨의 말 같은 상황이었다. "우리는 행복해질 거예요. 인생에 의미를 부여하는 모든 사랑스러운 것들, 해돋이와 해넘이, 만에 비치는 달빛, 음악, 좋은 책, 지빠귀의 노랫소리, 지나가는 야생 거위의 울음소리를 함께 즐길 거예요."[1] 그런데 하필이면 내가 자연에 빠져들 때가 기후위기와 동물 대멸종 시대이기도 했다. 이 말은 매 순간 아름답고 고유한 것이 사라지는 중이라는 뜻이다. 자연은 나를 웃게도 울게도 만들었다. 그래서 당시 내가 쓰던 원고는 기후위기와 동물 대멸종의 시대에 기쁘게 인간이 될 방법을 찾고 지구에서의 삶을 깊고 풍요롭게 누리는 방법을 찾는 이야기이기도 했다. 그런데 어떻게 그 일이 가능할까?

삶은 삶에 대해 이야기하는 방식과 관련된 것이고 모든 생명체는 모두 자기 나름의 이야기를 가지고 있고 언젠가 우리는 모두 이야기 속으로 사라진다.

내 평생 가장 많이 해온 말이 있다.

"그 이야기 참 좋다."

이 말의 힘을 나는 백 퍼센트 믿는다. 이야기가 좋으면 나도 모르게 감탄하면서 마음이 환해진다. 감탄할 때 현실이 달리 보였고, 살 만한 가치가 있는 삶이란 게 분명 존재한다고 느껴졌고, 사는 것이 더 재미있어지고 더 좋아지고 내가 뭘 해야 할지도 알 것 같았다. 그때는 세상은 따라 해야 할 일투성이로 보였고 세상 또한 사랑할 만한 것으로 보였다. 감탄 속에 있을 때 나는 잘 살고 있다. 그렇지 않을 때는 왜 사는지 잘 모르겠다. 어디에 마음을 둬야 할지 잘 모르겠다.

힘이 필요할 때는 이렇게 말했다.

"하지만 다르게 시작하는 이야기가 있어."

공허할 때는 이렇게 말했다.

"다른 이야기가 필요해."

지겨울 때도 그렇게 말했다. 변화가 필요할 때도 그렇게 말했다.

선택이 어려울 때는?

"어떤 이야기의 일부분이 되고 싶어?"

말을 해야 할 때는?

"어떤 이야기를 살아 있게 하고 싶어?"

가장 삭막한 사이는?

"만나도 할 이야기가 없는 사이."

사랑한다는 것은?

"오로지 그 사람 이야기만 하고 싶어 하는 것."

나에게 본질적으로 중요한 것은?

"그걸 빼면 이야기가 안 되는 것."

행복할 때는?

"내가 찾고 기다리던 이야기를 만나는 것."

내가 나 자신을 발견하고 싶은 곳은?

"좋은 이야기 속."

나 자신에 대해서 아는 법은?

"적어도 내가 어떤 이야기를 좋아하는지 안다."(나는 있을 법하지 않은 이야기를 좋아한다)

최선의 나로 사는 법은?

"감탄한 이야기에 나를 결합시키는 것."

사는 동안 반드시 해내야 할 일은?

"자신의 이야기를 찾고 만나고 만드는 것."

우리가 이야기를 하는 동물로 진화한 데는 분명히 이유가 있을 것이다. 이야기가 아니면 우리에게 일어난 일을 이해하고 나눌 방법이 우리에게는 없다. 이야기하는 공동체로서 좋은 이야기보다 더 좋은 것은 없다. 이야기하는 공동체로서 좋은 이야기를 돌려줄 수 있는 것보다 더 의미 있는 것은 없다. 자기 자신에게 스스로 들려주는 이야기는 내적 정체성의 핵심이다.

나에게 삶은 좋은 이야기를 찾는 과정이나 다름없었다. 내가 마음으로 언제나 불러낼 수 있는 이야기들은 에너지로 변해 나를 내 자아 바깥으로 끌고 나오고 움직이고 살아 있게 했다. 나뿐만 아니라 우리의 많은 에너지는 이야기가 변신한 것이나 다름없다. 영향을 받는 이야기, 의미를 두는 이야기가 바뀌면 에너지의 방향이 바뀌고 에너지의 방향이 바뀌면 삶의 방향도 바뀐다. 창조성은 다른 것이 아니라 뭔가에 의미를 둘 줄 안다는 뜻이니까. 지금 살고 있는 삶에 '더 나은', '더 좋은', '더 새로운'이라는 단어만 넣으면 삶은 갑자기 도전할 가치가 있는 모험으로 변한다. 이것도 삶의 발명이다. 이럴 때는 더 많은 에너지가 필요하다. 더 깊은 이야기가 필요하다는 뜻이다.

내가 어렵게 컴퓨터 앞에 앉을 수 있게 되자 다시 꺼낸 원고가 바로 이 책『삶의 발명』이다. 무엇이 나를 만들어왔는지 아는 사람으로서, 언제 기쁨을 느끼는지 아는 사람으로서, 삶을 살아가게 만드는 순간들을 잘 아는 사람으로서, 만들어보고 싶은 이야기가 있는 사람으로서, 살고 싶은 세상이 있는 사람으로서, 어떻게 살고 사랑할까라는 오래된 질문을 좋아하는 사람으로서, 이야기를 하는 존재로서, 장미는 장미로서, 새는 새로서, 고래는 고래로서, 별은 별로서 존재하는 것 자체를 좋아하는 사람으로서, 우리 모두의 회복을 바라는 사람으로서, 변화를 바라는 사람으로서, 우선 모든 생명이 지금보다 더 햇살과 바람을 즐겼으면 한다. 모든 생명이 지금보다 더 존중받고 자부심을 느끼고 기쁨을 누렸으면 좋겠다. 모든 생명이 자신의 힘을 찾고 자기 자신이 되면 좋겠다. 그런 세상을 꿈꾸면서 나는 이 글에 에너지를 쏟아부으려고 한다. 물론 이야기들이 변신한 에너지다.

이 글을 마무리하는 동안 하나의 이미지가 계속 떠올랐다. 수년 전 어느 비 오는 날 서귀포의 호텔에 묵었던 적이 있다. 새벽 네 시와 다섯 시 사이 어디쯤에 눈을 떴다. 너무 이른 시간이라 창밖으로 보이는 것은 없었다. 하지만 다시 잠을 이루지 못해 창가에 앉아 아침이 오는 것을 지켜보기로 했다. 비가 약간 뜸해지자 서귀포 걸매생태공원 뒷산 상공에서 뭔가가 움직이는 것이 보였다. 검은 새 무리였다. 새들은 무리를 지어 돌고 돌면서 나선형으로 점점 위로 올라가고 있었다. 새들의 선회였다. 그리고 아침이 밝았다. 그 순간 행복했다.

일상을 반복하고 있지만 그 반복 속에서도 나를 조금

더 앞으로 가게 하는 이야기들이 있었다. 그 덕분에 마음이 흔들릴 때도 많았지만 마음이 향하는 방향은 있었다. 어두운 날도 저 밑바닥까지 어둡지는 않았다. 내가 지금부터 들려주려고 하는 이야기들은 편의상 제목을 달긴 했지만 앎, 우정, 사랑, 연결, 회복, 경이로움, 아름다움, 자부심, 기쁨과 슬픔, 희망같이 우리에게 대체 불가능한 가치를 갖는 단어가 이렇게 저렇게 섞여 있는 이야기들이다. 내가 돌려주는 이야기들이 기쁘게 이 세상의 일부가 되기를 희망하는, 더 나은 존재 방식을 원하고 만들고 싶어 하는 누군가의 마음에 가닿고 힘이 된다면 행복할 것이다.

  나는 어디에 있는가? 내가 좋아하는 이야기의 일부가 되어 이야기의 여기저기에 흩어져 있다. 내가 원하는 삶이다.

2023년 가을

차례

5
들어가며

앎의 발명   17
사랑의 발명   59
목소리의 발명   91
관계의 발명   121
경이로움의 발명   151
이야기의 발명   187

앎의 발명

> 쓸쓸한 마음으로 잠든 그는
> 다음 날 아침이 되자 전보다 더 슬프고 지혜로워졌다.
> ─── 새뮤얼 콜리지

내게는 '카산드라'*라고 불리는 친구가 있다. 그는 옳은 말을 하지만 그의 이야기에 귀 기울이는 사람은 적었다. 나는 힘이 없을 때 내 친구의 눈으로 나를 본다(내 친구는 아무리 힘이 없어도 밥 잘 먹고 하기로 한 일은 하므로). 내 상상 속에서 친구는 "그게 그렇게 중요해?"라고 묻는다. "그게 그렇게 중요해?" 최고로 좋은 질문이다. 사랑 중 최고의 사랑은 버티는 사랑이고 버티는 능력은 중요한 것과 하찮은 것을 구별할 줄 아는 데서 나온다고 하지 않던가(최고의 친구는 그 분별력을 갖게 도와주는 친구다). 내 친구는 현재 리스본에 체류 중이다. 우리가 마지막으로 만난 후 반년의 시간을 뚫고 전화가 왔다.

"어떻게 지냈어?"

"바빴어."

---

* 앞날을 예언하는 능력이 있지만 그 말을 아무도 믿지 않는 처지가 된 그리스 로마 신화 속 인물.

"왜?"

친구는 아마존을 방문했다가 아마존 카리푸나족 원주민 추장을 만난 일이 있다. 2019년의 일이다. 나는 카리푸나족이라는 이름의 부족이 세상에 존재한다는 것을 그때 처음 알았다. 당시 카리푸나족은 쉰아홉 명이 살아남아 있었다. 친구는 나에게 이런 말을 했다.

"추장이 원로가 아니라고. 겨우 스물여섯 살이야. 원주민은 너무나 위기에 처해 있어. 절멸 직전이야. 밀렵꾼, 개발업자들이 트럭 창문을 내리고 총 한 방 쏘면 원주민은 그대로 죽는 거야. 아마존에 가면 충격을 받아. 사람들은 아마존에 가면 경이롭고 거대한 자연을 볼 것이라고 생각하지만 눈에 보이는 것은 웬걸, 소를 기르는 끝없이 넓은 초지야. 그래도 아직 세상에 원주민이 있어서 다행이야. 원주민이 없다면 아마존이 지켜지지 못했을 거야. 숲이 그런 대로 원형을 유지하며 남아 있는 곳은 여지없이 원주민 보호구역이야."

"꼭 네루다의 시 같다. '누가 사라진 것을 사랑하지? 누가 마지막 남을 것을 보호하지?'"

그 대화를 나눈 지도 벌써 3년은 흘렀다. 내 친구가 바빴던 이유는 그때 만난 카리푸나족 추장의 형을 리스본에 초대했기 때문이다. 카리푸나족과 아마존의 운명을 어깨에 걸머진 추장의 형은 리스본대학에서 두 차례 강연을 하고 언론 인터뷰도 했다.

"카리푸나족의 리스본 방문은 어땠어? 사람들이 질문 많이 했어?"

내 친구는 3년 전에 나에게 한 말을 거의 똑같이 들려주었다.

"세상에 원주민이 있어서 다행이야. 숲을 지키는 것은 그들이야. 그래도 리스본 사람들이 카리푸나족이란 부족이 세상에 있다는 것을 알게 된 것이 성과라면 성과야. 카리푸나족이 우리 앎의 지도, 인식의 지도 안에 들어왔어."

그러고 나서 우리는 브라질 대통령이 바뀌면 아마존의 상황이 나아질까 같은 대화를 조금 더 나눴다. 그런데 어쩐지 내 마음은 조금 다른 곳으로 흘러가기 시작했다.

"아까 네가 한 말 중에 앎의 지도라는 말 있잖아. 그 말 네가 만들었어?"

"뭐, 그냥 갑자기 생각났어."

"그 말 진짜 좋다."

"그래?"

"사실 요새 내 앎의 지도에 들어온 것은 모조리 추한 것들뿐이야."

"……."

"그런데 네 말을 들으니 앎의 지도가 보물섬 지도 같다."

전화를 끊고 나서도 '앎의 지도'라는 말이 자꾸만 귓가에 맴돌았다. 카리푸나족이 앎의 지도 안에 들어왔다고 말하던 친구의 목소리는 얼마나 힘이 넘쳤던가? 희망으로 부풀어 오른 것 같았다. 평소에 "추해지지 말자"는 말을 입에 달고 사는 내 친구는 원주민의 삶에서 우리가 아직 모르는 아름다움을 봤을 것이다. 그래서 친구에게 그들의 삶은 중요하게 여겨졌을 것이다. 내 생각에 아름다움이야말로 시간을 들여서 알아볼 가치가 있는 것이다. 인류를 멸종시키는 방법은 간단하다. 세상의 모든 아름다움을 없애면 된다. 우리 인류는 아름다움을 좋아하고 추함을 견디지 못한다. 아름다움은 죽음만큼 오래되고 영원한 것이다.

어쨌든 앎의 지도라는 말을 들으니 소설가 존 쿳시가 생각이 난다. 그가 자주 쓰는 문장 중에 "앎을 살아낸다"는 문장이 있다. 그에게 삶은 그냥 삶이 아니고 어떤 앎과 함께 살아가는 것이다. 이를테면 우리는 아침 사과가 건강에 좋다는 앎을 살아내고 양배추가 위장에 좋다는 앎을 살아낸다. 소고기를 지금처럼 먹으면 아마존이 남아나지 않을 것이라는 앎을 살아내고 오래가는 사랑에는 인내가 필요하다는 앎을 살아낸다. 그런데 이 '앎'이라는 단어 뒤에 '지도'라는 단어가 붙으니 어떤 앎은 우리를 중요한 곳으로 데려다줄 단서처럼 느껴진다. 그 반대의 경우도 가능하다. 어떤 앎은 길을 잃게 만든다. 덫이 되고 수렁에 빠지게 한다. 우리에게 힘을 주는 것이 아니라 우리를 약하게 만든다. 사실 내 친구처럼 뭔가를 그냥 아는 것이 아니라 사랑하면서 알게 되는 것은 한 인간이 삶에서 경험할 수 있는 가장 큰 기쁨이자 힘이다. 그런 일이 일어난다면 우리 삶은 방향을 바꾸게 된다. 가만히 있는 것보단 사랑하는 것이 나을 것이다. 가만히 있는 것보단 사랑할 것을 찾아 길을 떠나는 것이 나을 것이다. 길을 떠나기만 하는 것이 아니라 함께 길을 만들 수 있다면 더 좋을 것이다.

양구

1984년 강원도 양구의 농민 정종관이 사망했다. 그에게는 특별한 점이 있었다. 그는 왼쪽 갈비뼈 일곱 개가 없었다. 그의 갈비뼈는 대체 왜 없어진 것일까? 우리가 그 진실을 아는 데는 많은 시간이 필요할 터였다.

1990년 5월, 노태우 전 대통령 방일을 앞둔 대한민국의 일본대사관 앞은 시끌시끌했다. 태평양전쟁 희생자 문제에 대한 해결이 전제되지 않는 한 대통령 방일에 반대한다는 시위가 벌어졌고 할복을 감행한 사람도 있었다.

5월 22일 오후 4시 40분경, 돌발 사고도 있었다. 일장기를 휘날리며 퇴근하는 야나이 신이치 대사의 차에 한 회사원이 올라타 "사죄하라!" 외치고 유인물을 뿌렸다. 그는 종로경찰서로 연행되었다. 그날 그가 뿌린 백여 장의 유인물을 본 사람들은 전에 볼 수 없던 단어를 봤다. '태평양전쟁 전범유족회'란 단어였다. '전범유족회'라고? 전범이라면 친일파가 아니던가. 그 사건은 다음 날 『한겨레』에 실렸다. 기사에 따르면 회사원은 스물여섯, 양구 출신, 이름은 정창수였다.

내가 그의 존재를 알게 된 것은 2017년경이었다. 그는 아버지가 살던 양구에서 멸종 위기종 산양을 돌보면서 어머니를 모시고 옥수수와 단호박 농사를 지으면서 살고 있었다.

내가 그를 만나러 가던 날, 필리핀 출신 이주 노동자들이 뙤약볕 아래서 일하고 있었다. 정창수의 집 바로 뒤 산등성이에서는 검은 산양들이 나를 조심스럽게 지켜보고 있었다.

"나는 너희들을 해치지 않아. 알지?"

내 말을 들은 산양들이 가볍게 고개를 흔들었다. 그리고 마침내 정창수를 만났다.

"그날 왜 야나이 신이치 대사의 차에 올라탄 거예요?"

"그 무렵 저는 88올림픽 도시 정비 과정에서 생긴 철거민 시설에서 광복절 특집 다큐멘터리 〈포로감시원〉을 보고 있었어요. 지금 타워팰리스가 있는 자리인데 거기서 몇 달 버티면 입주권을 준다, 뭐 그런 말들이 있었거든요. 나도 그럴 심사로 거기 버티고 있다가 티비를 본 거예요. 태평양전쟁 당시 포로감시원으로 동남아시아로 갔다가 광복 후 전범이 된 조선인들 이야기였어요. 다큐멘터리를 보는 동안 이상한 기시감이 들었어요."

기시감은 자료 화면에 등장하는 사진들 때문이었다.

"아버지 사진에서 보던 모습이 거기에 다 있는 걸 보니 우리 아버지도 혹시 거기에 포로감시원으로 가서 악역을 하지 않았을까 하는 생각이 들었어요."

일단 그런 생각이 들자 정창수의 머리가 핑핑 돌기 시작했다. 그는 고향집으로 달려갔다. 그때 정창수의 엄마는 8월 땡볕 아래 옥수수밭에서 일을 하고 있었다.

"'엄마, 엄마, 아버지 사진 앨범 어디 있어요?'라고 엄마에게 물었어요. 어머니 왈, '아버지 죽고 다 태워버렸지.' 아, 그때 뭔가 중요한 것이 사라져버린 것 같았어요."

그때부터 그의 집요한 아버지 추적이 시작되었다. 일명 '죽은 아버지 찾기 프로젝트'였다.

"우리 아버지는 폐 한쪽을 절개해서 갈비뼈 일곱 개가 없었어요. 그래서 늘 한쪽 어깨가 축 처진 채로 평생을 살았어요. 아버지가 기분 좋을 때 동네 사람들에게 영웅담 늘어놓듯이 하던 이야기가 있었어요. '내가 말이야, 일본 군대의 군속(軍屬)으로 행정 업무를 보는데 그 지역에 민족주의가 강한 세력들이 레지스탕스나 게릴라식으로 일본군에 대항했거든. 그때 작전 나갔다가 독화살을 맞았는데 살이 썩어 들어가서 이렇게 된 거야.' 아버지가 자신을 영웅으로 둔갑시킨 건데 다 소설이었던 거예요. 일본 정부를 위해 그들 대신 포로 학대죄로 기소가 되어서 국제적인 BC급 전범*이 되었다가 병에 걸렸다는 사실을 누구에게 말할 수가 있었겠어요. 그게 6, 70년대니까 그랬다간 친일파, 일본 앞잡이, 부역자

---

* BC급 전범은 극동국제군사재판소의 조례 제5조 B항과 C항에 분류된 전쟁범죄를 말한다. B항은 통례의 전쟁범죄, 즉 전쟁법규 또는 전쟁관례의 위반을, C항은 비인도적 행위 또는 정치적이거나 인종적인 박해 행위를 전쟁범죄로 규정하고 있다. 실제로 BC급 전범으로 체포된 사람은 주로 연합군 포로의 관리를 둘러싼 불법행위와 폭력이 문제가 되었다. 일반적으로 B급 전범은 포로 관리 업무의 지휘 감독을 맡았던 장교나 부대장이었으며, C급 전범은 직접 포로 감시 업무를 맡았던 하사관, 병사, 군속이 대부분이었다. 따라서 식민지 출신 전범은 거의 C급에 속했다.

로 불렸겠죠. 나는 대학 다닐 때까지 그 얘기를 믿었어요. 적어도 그 티비 다큐를 보기 전까지는요. '우리 아버지가 말이야. 포로를 3천 명이나 데리고 있었다고.' 그렇게 자랑한 적도 있었어요. 사실 아버지가 자랑스럽기도 했고요."

정종관이 했다는 일본 군대의 군속이란 대체 어떤 일이었을까? 이것은 좀 설명이 필요하다.

1941년 12월 7일 진주만 공습은 기습적이었다. 그날 호놀룰루에서 나온 라디오 방송 멘트는 "이것은 실제 상황입니다"였다. 전쟁 개시 후 대략 반년은 일본이 우위를 점했다. 그 결과 아시아 각지에서 약 30만 명의 포로가 발생했다. 1942년 5월 23일 일본은 총독부 어용신문인 『매일신보』에 광고를 냈다. 내가 찾아본 바에 따르면 광고 내용은 대략 이렇다. '1944년부터 징병제를 실시한다는 발표가 나온 지 2주일도 지나지 않았는데 조선인 남방 포로감시원 모집을 한다는 것은 조선인들에겐 참을 수 없는 감격이다. 이로써 조선 청년은 미국과 영국의 포로 위에 군림하고 대동아공영권의 지도자가 되게 되었다. 근무 기간은 2년, 월급은 50엔.' 전쟁 포로 감시를 위한 특수부대 노구치 부대의 시작이었다.

당시 50엔은 큰돈이었다. 더구나 포로감시원은 전쟁

터에 나가서 총을 쏠 필요가 없는 일이었다. 어차피 군대에 가야 한다면 군인보다 차라리 포로감시원이 되는 것이 나을 수도 있었다. 많은 조선 청년들이 자발적으로든 강제로든 이런 판단을 했다. 이렇게 해서 전국 각지에서 3,400여 명의 노구치 부대원들이 모집되었다. 부대원들이 훈련 장소인 부산에 모여들기 직전 6월 미드웨이해전의 패배는 비밀에 부쳐졌다. 전쟁에서 승리한 것으로 속아 열광한 도쿄 시민들은 깃발과 등불을 들고 시가행진을 했다. 정종관은 다녀오면 군수나 경찰서장이 될 수 있다는 일본 관리의 말에 홀려서 노구치 부대를 선택했다. 그는 양구에서 동네 친구 한 명과 출발해 기차를 타고 부산까지 갔다. 그때 정종관은 결혼한 지 6개월이었다. 신랑은 열아홉 살, 신부는 열일곱 살. 둘 사이에 아직 아기는 없었다. 신혼의 정종관이 노구치 부대가 있는 부산 서면으로 떠나는 날, 산봉우리 위에서 남편의 뒷모습을 바라보던 아내의 눈에 신랑의 모습은 구불구불난 길 사이로 보였다가 보이지 않았다가 했다.

1942년 여름은 전에 없던 극심한 가뭄으로 비 한 방울 내리지 않는 날씨가 5월부터 8월 하순까지 계속되었다. 땀에 찌든 채 두 달의 훈련을 받는 동안 조선 청년들은 하찮게 여겨졌다. 노구치 부대에서 조선 청년들이 확실히 몸으로 익힌 것이 있다. 바로 뺨 때리기였다. 일단 뺨부터 때리고 보는 것, 이것이 포로를 대하는 첫 번째 방법이었다. 포로에 대한 인도적 대우를 명시한 제네바협약이란 것에 대해서 그들은 알 도리가 없었다.

  1942년 8월이 되자 노구치 부대원들은 4천 톤급 화물선을 개조한 배를 타고 구축함의 호위를 받으며 남방으로 출발했다. 용두산이 아득히 멀어져갈 때 애수를 느낀 부대원 중 누구도 자신과 별 상관 없는 전쟁에서 어떤 악역을 맡게 될지 알지 못했다. 자신의 운명을 모르는 그들의 눈에 저 높은 상공에 선을 그으며 리드미컬하게 움직이는 갈매기와 밤바다에서 보석처럼 빛나는 야광충은 위안이 되었다. 그들은 일장기를 들고 식민지 조선 출신 포로감시원으로 세계 역사에 등장했다. 적과의 동침이 시작된 것이다. 정종관은 주로 인도네시아 반둥에서 일했다. 1945년 8월 히로시마에 핵폭탄이 터지고 전쟁은 끝났다. 조국은 해방되었다.

"2년만 고생하고 잘 살아보자고 떠난 아버지는 죽었는지 살았는지도 모르는 채로 나타나지 않았어요. 징용, 징병 가셨던 다른 분들은 돌아왔는데, 적어도 생사는 알 수 있는데, 아버지만 오지 않고 소식도 모르니 우리 엄마는 양구를 떠나 시댁 식구들을 다 데리고 춘천으로 갔어요. 그러고는 방직공장에 취직해 일하면서 만나는 사람마다 남편 소식을 물어봤어요. 그러자 곧 춘천에 소문이 났어요. 군속이었던 남편을 찾는 처자가 있다고. 그러던 어느 날 갑자기 누군가 찾아왔어요. 우리 아버지랑 같이 인도네시아에서 근무했던 분이었어요. 그제야 어머니는 아버지가 미결수가 된 것을 알게 되었어요.

우리 아버지 같은 포로감시원들은 전쟁이 끝나자 고국으로 데려다주는 줄 알고 연합국이 제공한 비행기를 탔어요. 그런데 이상한 일이 벌어졌어요. 비행기가 붕 떠서 날아가다가 되돌아서 다시 공항에 내린 거예요. 내리니까 네루 군대라고, 인도 용병들이 중화기로 무장을 하고 포로감시원들을 기다리고 있었어요. 포로감시원들이 비행기에서 내리자마자 구타가 시작되었어요. 연합국 군인들은 포로감시원들을 발가벗기고 소지품을 압류했어요. 그때 군속들은 광복이 되니 위안부, 상인 할 것 없이 지역별로 모여서 태극기 내걸고 자치 조직을 만들고 조국에 돌아갈 준비를 했어요. 가족들 줄 악어 백도 사고 양복도 새로 해 입고 태극기 그림이 그려진 배지도 어설프게 만들어서 차고 다녔거든요. 우리 아버지가 차고 다녔던 배지는 지금도 제가 가지고 있어요. 이렇게 독립된 조국이 있는 사람으로 잔뜩 멋 내고 고향 간다고 설레면서 비행기에 탔는데 졸지에 소지품 다 뺏기고 홀딱 벗겨져서 머리를 빡빡 밀리고 사진이 찍히게 된 거예요. 연합군은 그 사진들을 포로감시원들이 관할하던 연합군 포로들에게 보냈어요. 포로들은 전쟁이 끝나자 석방돼서 고향에 돌아가 있었어요. '이 사진에 있는 사람들 중에 당신을 인간적으로 학대하거나 괴롭힌 사람이 있으면 지목을 해라'라고 한 거죠. 포로들이 이 사람이 나를 학대했다고 지목한 사람은 조서를 꾸밀 때까지 잡혀 있는 거고. 그게 미결이에요. 이게 태평양전쟁 전범 재판의 시작이에요."

1945년 10월부터 1951년 4월까지 동남아시아 곳곳에서 미국, 영국, 네덜란드, 호주 등 일곱 개 나라가 주도한 BC급 전범 재판이 50회 넘게 열렸다. 전범 재판은 이제야말로 정의가 무엇인지 보여줄 수 있으리란 점에서 당시 사람들의 뜨거운 기대를 모았다. 그러나 그 기대는 곧 실망으로 바뀌었다. 어떤 법정에도 조선인 판사, 조선인 검사는 없었다. 조선인들 기소 이유의 대부분은 포로에 관한 제네바협약 위반과 관련이 있었다. 연합군 포로의 기억이 생사를 갈랐다. 강제 노역, 뺨 때리기는 거의 모든 포로 학대의 유력한 증거였다. 조선인 전범 149명 중 90퍼센트는 포로감시원이었다. 그중

23명은 조국을 해방시킨 연합국에 의해 사형당했다. 조선인 포로감시원이 사형을 당하는 동안 천황, 731부대 책임자, 위안부와 강제징용의 기획자, 전쟁으로 막대한 이득을 취한 기업인 누구도 전범 명단에 오르지 않았다. 1945년 무렵의 정의는 맥 빠지고 싱겁게 실현되었다. 인간은 애절할 정도로 정의를 갈구하지만 분별력을 갖기는 힘들다.

일본군에게 식재료를 공급하는 반둥의 양어장에서 군속으로 일했던 정종관은 1947년 네덜란드 전범 재판에서 징역 5년을 선고받고 인도네시아 지피낭 형무소에 수감되었고 연합군 측으로부터 보복적 학대를 당했을 가능성이 높다. 지피낭 형무소에서 결핵에 감염된 정종관은 1949년 도쿄의 스가모 형무소로 이송된 후 갈비뼈를 절단하는 수술을 받았다. 이것이 그가 결코 밝히지 않으려 했던 갈비뼈 절단의 진실이다.

"아버지는 라디오를 사랑했어요. 밤에 자면서도 항상 들었어요. 지금 애들이 핸드폰 사랑하듯이. 새벽에 라디오를 듣는데 이쪽은 전방 지역이라 주파수가 잡히지 않을 때가 있어요. 하루는 주파수 조정을 하다가 우연히 일본 방송을 듣게 된 아버지가 무슨 큰일이라도 난 것처럼 갑자기 '여보! 여보!' 하면서 엄마를 찾더라고요.

그래서 내가 귀동냥을 했어요. 아버지 왈, 내가 주파수 조정을 하다가 일본 방송을 들었다, 내가 일본에 있을 때 동경대 부속병원에서 내과 과장을 하던 사람에게 수술을 받았다, 그 사람이 폐 한쪽을 절개하면서 앞으로 일하지 말고 산속 공기 좋은 데 가서 살면 한 10년은 더 살 수 있다고 했다, 그런데 그 사람이 오늘 방송에 나왔다. 그러니까 그 의사는 라디오에 토막 의학 상식 같은 것을 전하려고 나온 거죠. 그때 아버지는 흥분이 좀 가라앉자 '내가 생활도 좀 넉넉하고 입에 풀칠이라도 하면 일본 의사에게 10년 보장해준 내가 이렇게 잘 살고 있다고 감사의 편지라도 쓸 텐데'라고 했어요. 그런 넋두리를 내가 들었던 거죠."

수술 이후 정종관의 행적을 추적해보면 이렇다. 정종관은 의사의 말을 믿고 공기 좋은 곳을 찾아 한국전쟁이 끝난 1955년 1월 도쿄를 출발, 오사카에 가서 전범 친구(김동해. 정종관과 같이 인도네시아에서 군속으로 근무했다)를 만나 오사카 성 앞에서 기념 촬영을 했다(흑백 사진 속 정종관은 기울어진 몸을 가리기 위해 커다란 양복을 입었다). 거기서 고베항으로 가서 화물선을 타고 부산에 도착했다. 당시 정종관의 귀국 소식은 신문에 신기한 토픽처럼 실렸다. '죽은 줄 알았던 남방 군속 14년 만에 돌아오다'라는 제목의 기사였다. 돌아오는 정종관의 가방 안에는 노벨상 수상작 『닥터 지바고』 일본어판과 『리더스 다이제스트』가 몇 권 들어 있었다.

정종관이 돌아오자 양구에서는 어느 정도 난리가 났다. 마을 어른들의 관심은 열일곱에 헤어진 남편을 서른하나가 되어서 만난 아내에게 쏠렸다. 살아 돌아온 정종관도 대단하지만 시댁 식구들을 건사하면서 기다린 새댁도 대단하다고. 양구에서는 그녀에게 열녀비를 세워주었다(그 열녀비는 지금도 정종관 부부가 살던 집 가까운 골짜기 모퉁이에 세워져 있다).

정종관이 귀국한 다음 해인 1956년 일본은 이제 전후는 끝났다고 선언했다. 전범 재판을 끝내고 남은 사람들은 과거의 짐을 덜고 평화롭고 안정되고 행복한 '마이 홈'을 모토로 고도 경제 성장의 길로 들어섰다. 그해 일본은 유엔에 가입했다. 그다음 해 A급 전범 기시 노부스케가 수상이 되었다. 이제 전범 이야기는 잊히고 역사의 페이지가 무심하게 넘어가는 것은 시간문제였다.

"내가 중학교 다닐 무렵에 아버지는 항상 몸이 아팠어요. 폐가 하나밖에 없었는데, 결핵도 앓으셨어요. 결핵 환자로 면사무소에 등록만 하면 관리가 되는데 아버지는 결핵 환자란 것을 숨겼어요. 당시 결핵의 최고 치료제는 황산스트렙토마이신이었는데, 그걸 평생 맞아야 했어요. 그걸 비공식적으로 구해서—내가 이걸 좋은 데 쓰려고 한다, 혹은 어디 결핵 환자가 있는데 내가 주사를 놔주려고 한다, 이런 식으로 말이죠—한평생 돌아가실 때까지 맞았어요. 기침이 심할 때 어머니가 주사기를 주전자에다 달달달 끓여서 엉덩이 주사를 놓으면 아버지가 잘못 찔렀다고 어머니에게 쿠사리 주고, 이런 모습이 너무 선명해요. 아버지는 아침이면 기침, 가래 때문에 큰 컵으로 커피나 뜨거운 물을 마시면서 담배 피우는 걸로 하루를 시작했어요. 그런 아버지 모습을 보면서 '저 속에는 뭔가 말 못할 어마어마한 것이 있겠구나'라는 생각을 했어요."

그러나 정창수는 아버지 가슴속 어마어마한 것이 전범일 줄은 꿈에도 몰랐다.

한국으로 돌아온 정종관의 인생의 과제는 '망가진 몸으로 어떻게 살까?'였다. 그의 인생 이야기는 크게 봐서는 망가진 몸, 전범이라는 정체성, 가난을 재료로 쓰였다.

"아버지는 삐뚤어진 몸으로 평생 지게를 지고 다녔어요. 영어도 좀 하고, 일본어도 너무 잘하고, 중국어도 할 줄 아는 사람이 도대체 왜 저렇게 살까 생각해서 반항도 하고 그랬는데 나중에 전범이었다는 것을 알고는 미안했어요. 아버지가 평생을 어떤 마음으로 살았을까 생각하니 가만히 있기 힘들었어요. 대사관 앞에서 유인물 뿌릴 때 내 동생은 군인이었는데 그 애랑 둘이서 유인물 만들고 동생은 군인이니 너는 빠져라 하고 제가 그날 일본 대사의 차에 올라탄 거예요. 수십만 명이 죽은 전쟁의 책임을 최말단 군속에게 떠넘긴 일본 정부는 사과하라고. 그리고 우리 아버지의 뒤틀어져버린 삶을 보상하라고."

많은 사람들이 말하는 것을 해방으로 생각하는 사회에서 정종관은 자신에게 일어난 일을 죽을 때까지 비밀로 했다. 침묵이 만든 그의 영혼은 꼭꼭 숨겨져 있었고 이제는 알 길이 없게 되었다. 전범은 이렇게 잊히고 마는 것일까? 정창수는 이야기가 그렇게 흘러가길 원하지 않았다. 정창수에게는 가야 할 곳이 있었다.

1990년 그는 부산항에서 배를 타고 오사카를 거쳐 도쿄로 들어갔다. 그는 아버지의 노트에 적혀 있던 전화번호를 수첩에 베껴서 들고 갔다. 혹시 아버지에 대해서 말해줄, 그리고 바라 마지않기로는 같이 슬퍼하고 분노할 누군가를 만날지도 모를 일이었다. 마침내 한 통의 전화가 연결되었다.

"혹시 한국말 하는 분 계실까요?"
"나도 한국말 하는데 저한테 말하세요. 무슨 일이시죠?"

"저는 정종관이라는 사람의 아들입니다. 아버님의 일본 이름은 미시로 쇼캉이었어요."

전화기 너머에서 잠시 침묵이 흘렀다.

"미시로 쇼캉은 한국으로 돌아간 것으로 알고 있는데요."

"네, 그분은 한국에서 돌아가셨습니다."

"기다릴 테니 오세요."

그때 정창수의 전화를 받고 정창수를 기다린 그 사람, 그날 밤 정창수에게 불고기를 사주고 자신의 집에서 재워준 그 사람은 누구였을까?

창이

정창수가 일본에 간 지 1년 뒤인 1991년 8월 14일, 김학순 할머니의 피맺힌 위안부 증언이 터져 나왔다. 김학순 할머니의 증언 일주일 뒤인 8월 21일, 조선인 전범 이영길이 도쿄 인근 정신병원에서 사망했다.

이영길. 그는 인도네시아 수마트라 포로감시원으로 3년, 감옥에서 7년, 정신병원에서 40년을 보냈다. 그는 전범으로 10년 형을 선고받은 뒤 갑자기 방 안을 뛰어다니는 등 정신착란 증세를 보였다. 그는 전쟁이 끝났다는 것도, 자신이 일본에 있다는 것도 몰랐다. 그는 하나비 축제 때 불꽃이 터지는 소리를 함포사격으로 알았다. 다만 정신이 맑을 때면 그가 노구치 부대에 들어간 뒤 태어난 아들을 무척 보고 싶어 했다. 그는 살아생전 바나나를 좋아했다. 아직 살아 있던 전범들이 이영길의 상을 치렀다. 바나나가 그의 영정 사진 앞에 놓였다.•

이영길이 죽기 며칠 전 8월 15일, 일본국영방송 NHK에서 아시아태평양전쟁 특별 기획 다큐멘터리 <조문상의 유서—싱가포르 전범 재판>이 방송되었다. 태평양전쟁 전범 재판을 문제 삼는 다큐멘터리였다. 그날 방송된 조문상의 유서는 '세기의 유서'라고 불리고 있었다. 조문상의 유서라니, 그것은 대체 무엇일까? 아니, 그보다 먼저 조문상은 누구였을까?

조문상. 개성 출신. 경성제국대학 영문과 졸업. 콰이강의 다리 미얀마 건설 현장에서 일본군 육군 군속으로 근무. 통역 업무 담당. 1947년 2월 25일, 스물여섯 살에 포로 린치 혐의로 싱가포르 창이 형무소에서 사형. 일

• 나는 일본에서 정신 질환을 앓던 전범이 또 한 명 있었다는 것을 알게 되었다. 그는 남한으로 귀국했다. 나는 그를 찾아보기 시작했다. 말레이시아 포로수용소에 있던 박○○. 그는 남한으로 귀국한 후 전쟁 후유증과 정신 질환 악화로 시설을 전전하다 1981년 길거리에서 사망했음을 최종 확인했다.

본명 히라하라 모리츠네.

조문상에 대해서 알려진 것은 이것이 전부다. 몇 가지 증언을 모아보면 조문상은 창이 형무소에서 조선인 전범들에게 영어를 가르쳤던 것 같다(한국말로 진행되는 재판이 없었으니 전범들이 배운 영어는 재판과 관련된 것이었을 수 있다). 그러나 영어를 할 줄 아는 조문상 자신은 재판의 모든 것을 속전속결로 유죄로 받아들였다. 우리가 이제 조문상에 대해서 알 수 있는 방법은 조문상 본인이 쓴 유서밖에 없다. 조문상은 죽기 직전까지 비스킷 포장지에 유서를 썼다. 그가 쓴 글은 유서이면서 죽어가는 과정의 기록이기도 하다. 그의 유서, 그리고 그나마 남아 있는 자료들과 증언을 따라 창이 형무소의 사형수 감옥 P홀을 상상해볼 수 있다. 일은 이렇게 진행되었다.

처형 전날 인도인 장교가 다음 날 사형당할 사형수 명단을 통보하러 온다. 그날 밤, 이름이 불린 사형수들을 위한 만찬이 열린다. 조문상 등 당시 사형수 감옥 P홀에 있던 조선인 네 명은 간단한 일본식 식사를 받았다. 그들은 우유를 따라 마시면서 "함께 갑시다"라고 건배를 했다. 그들은 매실 장아찌 아래 빨간 고추를 발견했다. "고추다"라는 소리에 조선인도 일본인도 모두 달려들었다. "앗, 매워", "고추는 맵기 마련이지." 그들은 식사를 마치고 노래를 불렀다. 조선인들은 아리랑도 불렀고 일본 노래도 불렀다. 노래를 부르면서 그들은 반복적으로 시간을 물어보았다. "이제 얼마 남은 거지?" 옆방의 누군가가 "잘 가"라고 말했다. 그들은 추억—온천이나 사랑에 빠질 뻔했던 게이샤 같은—을 이야기하고 노래를 부르고 그러다가 이런 이야기도 했다. "저세상에는 설마 조선인이다, 일본인이다 하는 구별은 없겠지요?", "덧없는 시간에 왜 서로 반목하고 증오하지 않으면 안 되지?", "일본인도 조선인도 서양인도 동양인도 없는 법", "아, 내일은 명랑하게 가자." 감방 안에 남은 사람들은 <올드 랭 사인>을 불러줬다.

조문상이 죽기 전날은 하루 종일 비가 내렸다. 어두운 감방 안에 반딧불이가 날아다녔다. 조문상은 별빛을 볼 수 없는 것을 아쉬워했다.

조문상이 동료 사형수에게 물었다.

"코미, 벌써 자?"

"어, 쥴리군."

"이 세상 최후의 밤이 아닌가? 자는 것이 아깝지 않아?"

"솔직히 말하지만 요전에 히라마쓰 씨들이 먼저 갔을 때 전등 구멍으로 '어때' 하고 물었더니 '꼭 한잔한 것 같아'라고 말하더군. 정말이지 한잔 마신 것 같은 새빨간 얼굴로."

"뱀이 죽을 때 몸을 비트는 것과 같지 않을까? 하지만 내일 아침 얼굴에 자루가 씌워질 때에도 마음만은 밝게 갈 수 있을 거야. 그렇지?"

모두가 잠들고 조문상은 아무래도 잘 수 없다고 생각한다. 개 짖는 소리, 차 소리 모두 평상시와 같다고 느낀다. 인간이 정말로 정직해질 수 있는 것은 이런 상황에서라고 생각한다. 조문상은 열심히 뭔가를 더 쓴다. 그러나 결국 조문상도 잠이 들었다.

아침이 오자 인도 대위가 물었다.

"아 유 해피(Are you happy)?"

"예스, 아임 새티스파이드(Yes, I'm satisfied)."

그는 가만히 있고 싶지는 않다고 생각했다. 작은 방 안을 서성였다. 남은 사람들이 계속계속 ‹올드 랭 사인›을 불러줬다. "고맙다! 고맙다!" 조문상은 혼잣말을 했다. 비는 계속 내리고 조문상은 춥다고 생각했다. "봄비니까 참고 맞고 가자", "인생 최대의 시련이다! 파이팅!" 누군가 외쳤다. "씩씩하게 가자!" 사형수들은 각자 스스로에게 파이팅을 외쳤다.

인도 대위가 걸어오고 찰칵 열쇠 소리가 들리고 문이

열리고, "여러모로 신세 많이 졌습니다", 남은 동료들에게 깍듯이 인사하고, 얼굴에 하얀 보자기가 씌워지고, 뒤로 손이 묶인 채 복도를 걸어가고, 남은 사람들이 부르던 〈올드 랭 사인〉도 끝나고 돗- 돗- 돗- 계단 올라가는 소리만 들린다.

사형집행인들은 사형수들에게 마지막 한마디를 할 기회를 줬다. 조선인 사형수들은 "대한 독립 만세"라고 외쳤다. 천지를 뒤흔들 만큼 큰 소리로 외쳤다. 이 "대한 독립 만세"라는 마지막 외침 후 덜컥 소리가 나기까지 전 과정을 P홀에선 잘 들을 수 있었다. 그 순간 P홀엔 침을 삼키는 사람조차 없이 깊은 적막이 흘렀다.

조문상이 죽고 난 뒤 창이 형무소에 남은 마지막 조선인 사형수는 이학래와 임영준이었다. 둘 중 임영준의 이름이 먼저 불렸다. 임영준은 죽기 전날 먹지도, 마시지도, 노래를 부르지도, 말을 하지도 않았다. 그냥 벽에 기대 앉아 있었다. 그런 그가 최후의 악수를 나눌 때 이학래에게 말을 건넸다.

"히로무라(이학래) 씨가 감형되기를 기원합니다. 감형이 되어서 나가면 내가 그렇게 나쁜 사람은 아니었다고 알려주세요."

임영준의 짧았던 삶은 죽음 이후에도 전범이라는 단

어 하나에 갇히게 될 것이고 임영준은 그 사실에 수치심을 느꼈을 것이다.

마침내 이학래에게도 인도인 장교가 왔다. 그러나 그는 사형대로 가지 않았고 임영준의 소원대로 감형되었다. 감형된 이유는 이학래도 정확히 알 수 없었다. 다만 호주군 군의관이 "아니, 그는 우리를 그렇게 심하게 대하지 않았어!"라고 증언했다는 말이 있을 뿐이었다. 그러나 이학래는 그가 살아남은 이유를 다르게 생각한다.

"아무래도 우리 죽은 전범 친구들이 도와준 것 같아요."

임영준의 마지막 날, 이학래는 임영준의 말에 아무 대답도 하지 못했다. 자신의 앞날도 알 수 없는데 어떻게 약속을 할 수 있겠는가? 그러나 그때 대답하지 못한 말을 살아남은 이학래는 해야만 했다. 어떻게? 말로 못 했으니 이번에는 삶으로.

이학래의 대답은 형을 마치고 출소한 이후부터 평생 계속되었다. 그는 온갖 방식으로 전범 문제를 쉬지 않고 거론했다. 1991년 11월 12일, 도쿄지방재판소에서 조선인 BC급 전범자의 국가보상 청구 재판이 열렸다. 이번에는 전쟁의 승자가 아니라 전범이 '정의'에 대해 묻는 재판이었다. 원고는 이학래 등 전범 7인이었다. 이학래가 일본 정부를 향해 던진 질문은 이것이었다.

"느그들(너희들)은 사람이 필요할 때는 갖다 쓰고, 필요 없어지면 갖다 버리느냐? 왜 사람을 함부로 대하느냐?"

사람을 함부로 대하는 것이 만연한 세상에서 왜 사람을 함부로 대하느냐는 질문은 너무나 근본적이어서 대답하기 힘들 만큼 그 자체로 급진적이다.

법정에 섰던 7인 중 박윤상이라는 이름의 조선인 전범이 있었다. 박윤상의 재판을 위해 이마무라 스쿠오 변호사가 기록한 진술서 내용은 요약해보자면 이렇다.

원고 박은 암본섬에서 비행장 건설을 하는 백인 포로들을 감시하라는 명령을 받았다. 야자나무 한 그루를 뽑는 데 일주일에서 열흘이 소요되었고 곡괭이로만 산호초 암반을 파서 작업은 더뎠다. 태양이 산호초에 강하게 반사돼 눈이 나빠지는 포로가 속출했다. 너무 많은 포로가 죽어 매장을 못 하고 흙으로만 덮어두는 경우가 많았다. 개가 시신을 먹었기 때문에 포로들은 눈물을 흘리며 그것만은 막아달라고 호소했다. 1945년 초 원고 박은 포로 백 명과 함께 자바로 출발, 출발 다섯 시간 만에 연합군의 총격을 받게 되었다. 배는 침몰했고 전원 바다에 뛰어들었다. 나무 판자를 잡고 표류했는데 판자를 잡으려는 포로를 후려치는 사람들도 있었다. 원고 박이 전범이 되었다는 소식을 들은 고향의 아내가 저수지에 몸을 던졌다.

박윤상은 1991년의 법정에서 이렇게 진술했다.

아내가 젊은 날 죽어버린 것에 대해서 지금도 잠을 자려야 잘 수가 없다. 일본을 위해 이용되면서 무지해서 반항도 못 하고 순종한 내가 바보였다. 나는 일본 정부에 대해서도 화가 나지만 나 자신의 무지에도 화가 난다. 나 자신의 무지를 슬퍼하고 나 자신의 무지를 증오한다.

박윤상은 노구치 부대가 부산을 떠난 후 처음으로 돌고래를 봤다. 돌고래가 너무 사랑스러워서 그는 소변이 마렵다는 핑계로 몇 번이나 갑판에 올라갔다. 처음 도착한 남방에서 본 바람에 흔들리는 야자나무, 열대의 꽃향기, 금발의 포로, 모두 그에게 미묘한 환상을 심어주었다. 그는 일본군에 충성하는 것을 양심에 충실한 것으로 알고 있었다. 그가 충성한 것이 그를 전범으로 만들었다. 박윤상은 자신의 앎이 틀린 것이었음을 아는 데 너무 많은 대가를 치러야 했다.

재판에서 박윤상을 비롯한 7인의 전범은 패소했다. 조선인 전범들의 막대한 피해는 인정하나 보상할 법적 근거가 없다는 것이 일본 법정의 대답이었다. 그날 재판에 참여한 7인은 차례차례 세상을 떠났다. 남은 사람은 이학래 한 명이었다.

도쿄

이제 역사에 마지막 조선인 전범으로 기록될 사람, 전남 보성 출신, 10만 명이 사망한 악명 높은 태국 콰이강의 다리 건설 현장에서 일했고 호주 포로 학대죄로 1947년 싱가포르 호주군 전범 재판에서 교수형을 언도받았으나 감형돼 살아남은 사람. 그가 바로 정창수가 일본에 가서 만난 그 사람이었다.

이학래는 만나는 사람들에게 조문상의 유서를 복사해서 나눠주곤 했다. 이학래는 그날 정창수에게 이렇게 말했다.

"전범의 일은 우리에게 맡기고 젊은이들은 돌아가서 자신의 삶을 사세요."

이학래의 이 말은 사형당하기 전날, 죽음이야말로 정직해질 기회라고 생각한 조문상이 쓴 유서의 한 부분과 연결된다.

역시 정말로 죽고 싶지 않다. 이런 세상에 미련이 없다는 말은 본심이 아니었다. 역시 이 세상이 그립다. 이제 와서 아무 소용이 없다면 영혼만이라도 이 세상 어딘가를 떠돌고 싶다. 가능하다면 누군가의 기억 속에라도 남고 싶다. 26년이 거의 꿈에 지나지 않았다. 지극히 짧은 시간이라고 할 만하다. 이 짧은 일생 동안 무엇을 했는가. 완전히 나를 잊고 있었다. 모든 것이 흉내와 허망. 왜 좀 더 잘 살지 않았던가? 자신의 것이라고 할 만한 삶을 살았다면 좋았을 것을. 친구야! 아우야! 자신의 지혜와 사상을 가져라. 나는 지금 죽음을 앞에 두고 나의 것이 거의 없다는 것에 소스라치게 놀란다.

나는 처음 조문상의 유서를 읽었을 때 조문상의 "소스라치게 놀란다"는 말에 놀랐다. 내일 죽을 사람에게 놀랄 일이 뭐가 있을까? 그런데 있었다. 고통도 진짜, 두려움도 진짜, 죽음도 진짜. 그런데 삶은 가짜였다면? 그것을 너무 늦게 '알았다면'? 정말 그랬다면 어떻게 해야 한단 말인가?

오랜 시간이 흐른 뒤, 이학래는 정창수를 더 이상 기억하지 못하게 되었다. 정창수는 몇 년간 그에게 양구 시래기를 보내기도 했고 이학래 역시 정창수에게 연하장을 보냈는데 말이다. 이학래에게 삶과 죽음의 경계가 흐릿해지는 시간이 찾아온 것이다. 내가 그를 도쿄에서 만났을 때 그는 내게 이렇게 말했다.

"이것이 고국과 하는 마지막 인터뷰가 되겠어요. 면목이 없습니다. 고국의 동포들에게 전해주세요. 나는 잊어도 아무 상관 없지만 우리 전범 친구들을 기억해주세요."

그의 말은 무척 고요했다. 나는 그의 목소리에서 "내가 그렇게 나쁜 사람은 아니었다고 알려주세요"라고 말했던 임영준의 목소리를 겹쳐 들었다. 그는 윗도리 주머니에서 깨끗하게 접힌 종이 한 장을 꺼냈다. 그 종이에는 사형당한 전범들의 이름과 사형 집행일과 고향 주소가 단아한 필체로 적혀 있었다.

"우리 전범 친구들이 꿈에 자주 와요. 나는 항시 이 종이를 우아기* 주머니에 넣고 다녀요."

이학래와의 만남은 그렇게 끝났다. 망자와의 약속을 지키는 삶이란 설명할 수 없이 신비로운 것이다. 망자들은 아무것도 모를 것이므로. 그러나 망자들은 늘 우리를 생각할 것이므로. 나는 그날 오후 이학래의 거실 소파에 앉아서 수십 년 전에 죽은 사형수들의 이름이 적힌 하얀 종이를 들여다보던 순간을 잊지 못할 것이다. 그때 잠시 시간이 멈췄던 것 같다. 그 순간 많은 것

* '윗도리'라는 뜻의 일본말.

들이 내 머릿속을 흘러갔다. 돌고래를 신기하게 바라보는 박윤상, 차가운 봄비를 맞고 사형대로 걸어가는 조문상, 마지막 악수를 위해 손을 내미는 임영준, 감형 소식을 듣고도 기뻐하기는커녕 멍하니 있는 이학래, 한참 뒤에야 내가 왜 살아남았나를 묻는 이학래, 지금은 사라지고 도쿄의 랜드마크 선샤인빌딩이 되어버린 스가모 형무소, 살아남은 전범들의 시위, 총리 공관 점거, 단식농성, 기자회견, 공청회, 지루하게 이어지는 재판. 전범들의 짧았던 삶 뒤에 길게 따라붙는 이미지들이다. 그날 나의 정지 상태를 깨운 것은 뜨거운 차를 준비하던 이학래 아내의 가볍고 밝은 웃음소리였다.

"우리 남편은 집에서는 자기 손으로 차도 안 따라 마신다니까요."

이학래가 그랬던 것처럼 누군가 평생 포기하지 않고 싸웠다는 것은 설명하기 어렵고 복잡한 방식으로 우리에게 위안과 힘이 된다. 살아남은 전범들은 교수대에 올라가는 동료들에게 그저 "잘 가"라는 말밖에 할 수 없었던 것을 괴로워했고, 죽음을 뼛속 깊이 두려워해봤고, 살아서 삶 속으로 돌아갈 수 있기를 원했고, 자신들이 한 일을 부끄러워했고, 감옥에서 무엇이 우리를 죽게 하나 물었듯이 살아 나와서는 무엇을 위해 살아야 하나를 물었다. 그리고 무엇이 부조리인지 알게 된 뒤에는 그것에 맞서 지속적으로 싸웠다. 듣는 사람이 거의 없어도 그렇게 했다.

나는 내가 들은 이 이야기를 조선인 전범 재판에 문제가 있었음을 말하는 것으로 끝내야 적절하다는 것을 알고 있다. 그들은 당시 역사가 필요로 했던 정의를 채워주는 역할을 한 역사의 엑스트라에 불과했다고 말하면 될 것이다. 그러나 그렇게 끝내고 싶지 않다. 나는 그들이 그들만의 역사를 쓰기를 포기하지 않았다고 느낀다. 그리고 더 중요하게는, 그들의 이야기가 삶의 가장 비밀스러운 부분을 건드리는 것처럼 느껴진다. 여태까지 나의 삶이라고 생각했던 것이 사실은 나의 삶이 아니었다는 앎. 식사는 식사 이상, 노래는 노래 이상, 삶은 자고 먹고 노래하는 그 이상의 것, 우리가 뭐라고 말하든 그 이상의 것, 죽을 때 돌아보고 후회할 우리의 것, 소중한 것이라는 앎 말이다. 그런데 왜 우리는 자기 자신의 삶을 살지 못하는가?

보성

2021년 이학래가 생을 마감했다. 나는 그의 고향인 보성에 내려갔다. 만약 이학래가 앎의 지도를 그린다면 보성을 출발지로 삼을 것이다. 봄이었으면 벚꽃이 무척 아름다웠을 길이 길게 이어졌다. 이학래가 어려서 타고 놀던 팽나무가 남아 있었다. 사과를 재배하는 그의 친척에게 장례식 사진을 전해드렸다.

사실 내가 앞에서 한 이야기에서 나는 많은 것을 빼놓고 말하지 않았다. 이학래는 창이 형무소 사형수 감옥 P홀에서 어두운 시간을 보내기도 했지만 칸나꽃을 보기도 했다. 누군가 심었겠지만 누가 왜 심었는지 알 수 없는 꽃이었다. 칸나는 어두운 빛이 아니었다. 칸나를 보자 그는 난생처음으로(그는 그 전에 꽃에 관심이 없었다) '사랑스러워'라고 느꼈다. 그리고 푸른 하늘을 오래오래 올려다보고 그 하늘에 제비가 나는 것을 봤다. 모두 초록색 자유와 생명을 연상시켰다. 전쟁, 정글 속 포로수용소, 사형수 감방으로 길게 이어지던 그의 청춘. 구타, 굶어 죽지 않을 정도로만 주어지던 비스킷 두 쪽, 딱딱한 잠자리, 플라스틱 변기통, 구슬픈 〈올드 랭 사인〉, 교수대의 굵은 밧줄, 작별 인사. 이 이야기들의 거의 끝자락에 칸나꽃이 있었다. '사랑스러워'는 가슴 깊숙한 곳에서 올라온 말이었고 죽음과 폭력을 부정하기에 충분했다.

칸나는 임영준처럼 일생에 걸쳐 그를 자주 찾아왔다. 이학래는 전범이라는 낙인, 죄의식, 면목 없음, 수치심,

죽은 친구와의 약속을 지키고 싶은 마음, 먹고사는 문제처럼 자신에게 가장 슬프고 괴로운 것과 칸나를 재료로 삶을 만들었다. 그는 시키는 대로 복종하면서 살았던 삶을 통렬히 후회하고, 영원히 침묵당하게 된 친구들을 그 운명에서 떼어놓으려고 했다.

오랜 시간이 흘러 이학래는 '도의심'이란 단어를 자주 쓰게 되었다. 그는 조선인 전범의 문제를 알리기 위해서 만나는 일본인들에게 늘 그렇게 말했다.

"여러분의 도의심에 호소합니다."

도덕과 양심—우리가 위기에 처하면 타인에게 있기를 바라는 바로 그것—에 호소한다는 말이다. 도의심은 그를 예전 삶에서 새로운 삶으로 나아가게 도와주는 단어였다. 그는 각자 자신의 삶의 주인이 되는 것, 주체적인 삶을 사는 것이 인간성을 지켜준다는 것을 어렵게 알았고 알게 된 뒤에는 그 앎에 따라 살았다. 그는 인생의 어떤 순간 자신이 해야 할 일을 알았고, 자신에 대해서 친구들에 대해서 말할 줄 알게 되었고, 자기 자신으로 살다가 자기 자신으로 떠났다.

이 이야기가 나의 앎의 지도에 들어온 이후 나는 여러 가지 영향을 받았다. 나는 이 이야기를 처음 알게 된 이후 조문상을 자주 생각한다. 내가 가짜라고 생각되는 날은 특히 더 많이 조문상의 죽기 직전의 깨달음이 생각난다. '오늘 또 가짜였구나'라는 생각은 형언할 수 없이 괴로운 것이다. 그러나 그때가 그나마 나 자신에게 진지한 순간이기도 하다.

이제 나는 길가에 핀 칸나를 보면 "와, 칸나다!" 반가워한다. 칸나라는 단어와 함께 정글과 감옥과 하늘을 모두 포함하는 하나의 커다란 세계가 눈앞에 펼쳐지는 것을 지켜본다. 나는 전쟁 직후 일본에서 신인 배우 모집을 위한 첫 번째 공개 오디션을 할 때 배우들에게 시킨 연기의 주제가 '나는 바보다. 나는 바보다'였다는 것 또한 자주 떠올린다(당시 일본인들은 천황에게 속은 자신들이 바보라는 정체성을 가지고 있었다. 각자 자신의 삶을 사는 것이 사회적 주제인 시대이기도 했다). 그리고 박윤상의 "내가 바보였다. 나 자신의 무지를 슬퍼한다"는 말을 생각한다. 그리고 무지가 얼마나 쉽게 억압으로 이어지고 삶을 잃게 만들 수 있는지 생각한다.

전범들이 자신과 친구들의 삶과 죽음에 대해서 생각할수록 세계는 이전과 달라 보였을 것이다. 그전까지 알았던 것은 더 이상 '앎'이 아니었다. 세계는 과거에 알던 그 세계가 아니었다. 앞으로 살아갈 세계는 그들이 더 이상 알고 있고 살고 있다고 생각한 그 세계가 아닐 것이었다. 그리고 의심할 여지 없이 지금도 바로 그런

시대다. 우리는 더 이상 우리가 알고 있던 세계에 살고 있지 않다. 우리가 살고 있는 세계의 배경이 바뀌었다. 상상해본 적도 없는 코로나와 기후위기는 우리 삶의 일부분이 되었고 바이러스와 기후위기가 우리 인생 이야기를 쓰고 있다. 코로나가 한창일 때 대유행어는 "부자 되세요!"가 아니라 "건강하세요!"와 "별일 없죠?"였다. 그 말을 할 때 마음 한구석에는 두려움이 똬리를 틀고 있었다.

매일 아침 눈을 뜨면 세계에 대한 안정감을 잃는 것이 우리의 상황이다. 우리는 미래에 대한 두려움 없이 나 아닌 것들, 나의 외부 세계와 관계를 맺을 방법을 찾아야 하지만 나의 가장 큰 두려움은 우리가 경고를 무시하는 것이다. 마치 아무 일도 일어나지 않은 것처럼 사는 것이다. 하루하루 두려움에 시달리며 외로움에 떨면서 사는 삶에 적응해버리는 것이다. 하지만 사는 것을 두려워하다니 참 이상한 일이다. 그토록 살고 싶어 하는데.

두려움 없이 살기 위해서라도 세계에 대한 앎이 바뀌어야 한다. 세상을 이전과는 다르게 알아야 한다. 알았던 것을 잊어버려야 한다. 다행히 어떤 앎은 지도다. 새로운 앎은 우리를 앞으로 나아가게 한다. 새로운 삶을 살게 한다. 생각할 수 없었던 것을 알게 되어야 가능성이 태어난다.

얼마 전 아마존에서 내 친구가 돌아왔다. 나는 내 친구가 과연 어떤 앎을 만들어냈을지, 즉 어떤 앎을 발명했을지—우리가 그것을 알게 되기 전까지는 그런 것을 알 필요가 있었는지도 모르는 앎, 우리를 잘못된 앎에서 벗어나게 해주는 앎—궁금했다. 그러나 친구는 말했다. "나는 아마존에 대해서 말하고 싶지만 누가 그것을 알고 싶어 할까?" 하지만 내 친구는 왜 어떤 숲은 파괴되는데 어떤 숲은 파괴되지 않고 지켜질 수 있었는지 그 이유를 알고 있을 것이다. 그는 우리를 어떤 앎 속으로 들어가게 도와줄 수 있을 것이다. 나는 어떻게든 친구를 구슬려서 그가 알게 된 것을 말하고 싶게 만들고 싶었다.

다음 날 나는 친구에게 얼마 전에 작고한 일본의 소설가 오에 겐자부로가 그의 마지막 소설이자 자전적 소설인 『만년양식집』에서 한 이야기를 들려줬다.

2011년 3월 11일 동일본 대지진과 후쿠시마 원전 폭발 사고가 일어나자 그는 만사를 제쳐놓고 후쿠시마에 관한 다큐멘터리를 녹화해서 봤다. 그가 본 다큐의 내용은 이렇다.

후쿠시마 제1원자력발전소 폭발 사고로 인해 공중으로 흩어진 방사성 물질을 추적 조사하러 간 PD가 시민들에게 피난 지시가 내려진 상황에서 야밤에 혼자 차를 운전해서 상황을 살펴보고 있었다. 사방은 칠흑같이 어두운데 집 한 채에서 불빛이 흘러나오고 있었다. PD는 카메라를 어깨에 메고 좁은 길을 올라갔다. 그는 어두운 현관 앞에서 집주인에게 물었다.

"왜 남아 계신가요?"

"제가 키우는 말이 출산을 앞두고 있어 집을 떠날 수가 없답니다."

다음 날 저녁, PD는 다시 그 집을 찾아가 새끼 말이 태어났다는 이야기를 들었다. 카메라는 집 안쪽 어두컴컴한 곳에 어미 말과 새끼 말이 모여서 몸을 웅크리고 있는 모습과 비가 오는 것처럼 보이는 집 바깥의 어두운 목장을 비췄다.

"이제 막 태어난 새끼 말을 저 들판에서 뛰어놀게 해줄 수가 없습니다. 방사능비로 오염되었으니까요."

이렇게 말하는 집주인의 목소리는 어두웠고 가랑비는 끊임없이 내리고 있었다. 오에 겐자부로는 이 영상을 보고 목 놓아 울어버렸다. '이런 일을 우리가, 우리 인간들이 해버렸구나. 우리가 살아 있는 동안 복구할 수가 없다니.' 내게는 이런 것이 바로 원전 사고구나, 다시 한번 일깨우는 대목이었다. 오에 겐자부로는 녹화된 방송이 끝나자 방으로 들어와 책을 한 권 찾아 스탠

드를 켜고 침대로 들어갔다. 그가 집어 든 책은 영어로 번역된 단테의 『신곡』이었다. 그는 「지옥편」을 펼쳤다 (나는 지옥을 죽어서도 살아생전 한 일에 대한 책임을 지는 공간에 대한 상상이라고 생각한다). 그가 빨간 줄을 친 부분은 이렇다.

> In its present state, we have no evidence
> Or knowledge, except if others bring us word:
> Thus you can understand that with no sense
>
> Left to us, all our knowledge will be dead
> From that Moment when the future's door is shut.

오에 겐자부로는 이 부분은 전에도 읽긴 읽었는데 그 의미를 몰랐다가 후쿠시마 원전 사고 이후 어느새 이해하게 되어버렸다고 말한다. 그가 해석할 틈도 없이 몸으로 즉각적으로 받아들인 대로 내용을 옮겨보면 이렇다. 지금 현재의 상황에 대해 나는 아무런 물증도 지식도 없다. 누군가 말해주지 않는다면. 미래의 문이 닫히자마자 우리의 지식은 전부 죽은 지식이 되리라는 사실을.

나는 친구에게 말했다. "너는 꼭 우리에게 알려줘야

해. 네가 본 것을. 우리 미래의 문이 닫히지 않도록." 우리가 새로운 앎을 살아낼 수 있게.

사랑의 발명

내가 살릴 수 없는 게 너무 많았다.
내 운명을 그들에게 걸어야겠다.
특별한 힘도 없이 세상을 재구성하는 그들에게.
—— 에이드리언 리치

우리는 누구인가.
어둠 속에서 우리가 만드는 그 무엇이 아니라면.
—— 어맨다 고먼

"나도 신들의 싸움에 휘말린 적이 있었다. 나도 길에서 뱀들과 마주쳤으며 그 만남으로 상태가 바뀌어 이상하게도 말하는 힘을 가지게 되었다." 아우슈비츠 생존 작가인 프리모 레비의 말이다. 나도 실은 길에서 인간을 초월한 존재를 만난 적이 있다. 나도 그 만남으로 상태가 바뀌어 이상하게도 무엇을 말해야 할지 모르는 채로 살아가는 운명을 면하게 되었다.

회복

2005년 5월의 일이다. 한 남자의 인생에 슬픈 일이 일어났다. 그 일은 그를 삶의 궤도에서 벗어나게 할 만큼 컸다. 그의 이름은 게리 퍼거슨, 아내의 이름은 제인. 당시 제인의 나이는 스물다섯. 사건이 일어나던 날 부부는 미국 온타리오 지역에서 카누를 타고 있었다. 어느 순간 카누는 맹렬한 급류에 휩쓸렸고 그 상태에서 백 미터를 가지 못하고 뒤집혔다. 그는 심각한 골절상을 입고 겨우 목숨을 건졌다. 하지만 제인은 사흘 동안 실종 상태였고 마침내 수색견이 단서를 찾아냈다. 아내의 시신이 인양된 것은 비가 내리고 그치기를 반복하던 늦은 오후였다.

  6월이 되자 가톨릭교회에서 장례식이 열렸다. 제인은 젊은데도 이런 말을 했었다. 자신이 떠날 때가 되면 야생에서 자신이 사랑하는 무언가를 하며 마지막을 맞이하고 싶다고. 제인의 동료 응급 구조대원들과 수색대원들이 소방서에서 가장 큰 소방 차량을 보내 교회 밖에 세우고 조의의 의미로 사다리를 올렸다. 장례식이 끝날 무렵 소방차 운전 대원은 마지막 무전을 보냈다. 라디오가 지직거리더니 이내 목소리가 흘러나왔다.

  "레드로지 소방서와 구조대에서 알립니다."

  잠깐의 침묵과 잡음이 지나갔다.

  "제인 퍼거슨을 기리는 마지막 무전입니다. 제인은 자연에서 자신이 사랑하는 활동을 하며 마지막을 맞았습니다. 동료들에게 보여주었던 헌신과 애정은 오래도

록 기억될 것입니다."

"무전 마칩니다."

무전 이후 1분 동안 장내는 완전히 침묵에 휩싸였다. 이 일은 한 사람을 인류의 고전적인 질문―"앞으로 어떻게 살지?"―속으로 들어갈 수밖에 없게 만드는 사건이었다.

다리의 부상이 나을 때쯤 게리는 제인의 유골이 든 갈색 도자기 병을 배낭 맨 위에 넣고 긴 여행을 떠났다. 제인의 부탁대로 그녀가 가장 좋아하는 서부의 자연 다섯 군데에 유골을 뿌려주기 위해서였다.

그가 제인의 유골을 뿌리려고 세 번째로 도착한 곳은 겉이 반들반들한 암벽으로 이뤄진 유타주 남부 계곡이었다. 제인의 기억 속 그곳은 극심한 식이 장애를 떨쳐 낸, 잊을 수 없는 곳이었다.

그가 그곳에 도착한 날, 하늘은 짙은 푸른색이었다. 빛바랜 사암 뒤로 작은 초원이 있었다. 그 초원에 진초록색의 큰 향나무가 있었고 향나무를 배경으로 새빨간 꽃들이 피어 있었다. 까치들은 바람을 타고 자유롭게 4미터 높이의 창공으로 솟구치고 있었다. 맑은 날이었지만 서쪽 저 멀리에서 어두운 먹구름이 다가오고 있었다.

마침내 그는 자기만의 완벽한 장소를 찾았다. "너무

거대해서 만들어지는 데 얼마나 긴 시간이 걸렸을지 짐작조차 못 할 만한 광경"이 펼쳐진 곳이었다. 그날 오후 그는 그곳에서 제인의 뼛가루를 하늘로 날려 보냈다. 그가 "하늘로 날려 보낸 제인의 뼛가루는 별안간 바람이 사라진 공기 중에 한참 머무르다 느릿하게, 조금씩 빛바랜 사암을 등지고 날아갔다". 그는 뼛가루를 담은 도자기 병을 발밑 모래에 반쯤 묻었다. 그리고 몸을 낮춰 온기가 남은 바위에 가만히 뺨을 댔다. 그가 바위에 뺨을 대고 있는 동안 "쓸쓸한 구름이 그의 머리 위에 머물렀다가 이내 흩어졌다". 그리고 다른 일도 있었다. "하늘나리 꽃밭에서 점심 식사를 끝낸 벌새 한 마리가 날갯짓하는 소리까지 들릴 만큼 가까이 다가왔다." 아무리 슬퍼도 그냥 흘려보낼 수 없는 아름다운 광경이었다. 단지 몇 분에 불과하지만 그는 그 시간 동안 "어깨에 진 짐을 내려놓는 듯한 느낌"을 받았다. 마치 그의 "삶에 생긴 구멍이 하늘과 반들반들한 바위와 나팔꽃이 있는 더 넓은 세상으로 메워지는 듯"했다.[2] 그는 이 일 이후 어떻게 살았을까? 또다시 어느 바위에 뺨을 대고 엎드려 있었을까? 얼마나 많은 언덕에 서서 물끄러미 시간이 흘러가는 것을 바라봤을까? 우리는 알 수 없다. 그가 다른 이야기를 들려주고 싶어 했기 때문이다.

그가 길을 찾아 떠돈 곳은 광활했다. 언덕, 산길, 폭포, 강, 초원. 그가 본 풍경들은 그에게 온갖 생명들이 어우러져 빚어내는 과거와 현재와 미래의 수많은 이야기들을 들려줬다. 그는 자신의 슬픔마저 풍경 속에 받아들여진다고 느꼈을 것이다. 그는 결국 '기쁨'이라는 단어를 자신에게 허락한다. 그에게는 호기심을 느낀 까치들이 겁 없이 가까이 다가오는 것을 보는 것이 기쁨이었고, 새들이 자신의 알을 지키러 황급히 둥지로 날아가는 것을 보는 것이 기쁨이었고, 수천 마리 분홍색 플라밍고를 보는 것이 기쁨이었고, 순록이 춤추듯 얼어붙은 땅을 가로지르는 것을 숨죽이며 바라보는 것이 기쁨이었고, 야생 오리가 V자 편대로 날아가는 것을 보는 것이 기쁨이었다. 옐로스톤 국립공원의 고요한 물가에서 물고기를 낚는 흰머리독수리의 모습을 보는 것이 기쁨이었고, 계절이 바뀌고 마지막 눈덩이가 녹아 물이 되어 엘크가 먹을 풀을 키우고 개울로 흘러가 송어의 생명수가 되고, 송어는 6월에 곰의 먹이가 되는 흐름을 보는 것이 기쁨이었다. 그 눈은 1,400킬로미터를 흘러 강에 합류해 배를 띄우는 바다가 되고, 그 배에 실려 온 커피를 컵에 따르며 쌀쌀해지기 시작한 아침에 데워진 손으로 강아지나 고양이의 작은 머리를 쓰다듬을 수 있다는 것이 기쁨이었다.

슬픈 자아가 있던 자리를 차지한 것은 경이로운 생명들의 관계였다. 그는 이것을 마치 고대 중국의 풍수지리를 내적으로 체험한 것 같다고 했다. 그는 생명을 이렇게 정의한다. "몸으로 표현된 관계들의 망." 그런데 여기서 잠깐! 이 생각이 어딘가 낯설지 않은가? 고대 중국의 풍수지리를 내적으로 체험하다니? 몸은 관계들의 망이라니? 그가 들려주는 것은 이야기의 시작도 자기 자신, 이야기의 끝도 자기 자신, 하루의 시작도 자기 자신, 하루의 끝도 자기 자신인 이야기와는 전혀 다르다. 그의 말을 몸으로 이해하는 것을 가로막는 뭔가가 우리에게 있다.

맹목 중에서도 가장 무자비한 맹목, 주변 세계를 다르게 볼 기회를 막고, 자신을 새롭게 알 기회, 회복의 기회마저 막아버리는 것, 너무 자주 두려움에 빠지거나 공허하거나 외롭다고 느끼게 만드는 것, 너무 자주 우리 삶을 그토록 취약하게 만드는 것, 바로 지나친 자기중심주의다. 이 자기중심주의가 세상을 성스럽게 경험하는 것을 막고, 세상을 풍요롭게가 아니라 그 정반대로 세상을 빈곤하게 경험하게 한다. 그러나 우리 몸은 그렇게 만들어지지 않았다. 우리의 신체는 외부와 연결되는 감각기관들로 만들어져 있다. 자아의 고통은 자아의 바깥으로 나와야만 덜어지고 게리 퍼거슨이 보여준 세상이 바로 자아 바깥 세상, 아직 신비로움과 아름다움이 있는 세상이다. 그는 아직 살아 있는 생명체들의 '관계' 속에서 에너지와 힘을 얻고 '회복'이라는 단어를 쓸 수 있게 된다. 그와 같은 경험을 한 사람에게 회복은 어떤 의미를 가진 단어일까? "삶은 내 안에도 더 많은 삶을 탄생시킬 것이다. 더욱 다양한 관계와 경험을, 감사를, 아름다움을."[3]

나에게도 그와 비슷한 적지 않은 경험들이 있다. 가장 최근의 경험은 이런 것이다. 교통사고가 나고 두 달이 지나자 내가 여행 천재라고 부르는 복진오 피디가 연락을 해왔다(그는 뒤에 이어지는 다른 이야기에서도 아주 중요한 역할로 재등장할 것이다).

"사람 꼴이, 영…… 굴비처럼 삐쩍 말랐네요. 이럴 때일수록 아름다운 것을 봐야 해요."

그는 나에게 뿔논병아리와 장다리물떼새의 둥지를 보여주겠다고 했다. 그는 나를 화성호로 데려다줬다.

그날 화성호에는 사람이 한 명도 없었다. 새들의 둥지도 없었다.

"그제랑 어젯밤에 내린 비로 떠내려갔나. 작년에는 이맘때 봤는데 이상하네."

복 피디는 구시렁대면서 여기저기 새둥지를 찾아 헤

맸다. 나는 둥지를 볼 수 없어도 좋았다. 바람이 불어서 좋았다. 인적 없는 화성호에서는 저어새가 먹이 활동 중이었다. 쇠물닭이 둥지를 지으려고 부지런히 움직이고 있었고 마른 모래에는 좀도요 몇 마리가 한낮의 숨결처럼 보이지 않지만 분명히 감지할 수 있는 귀여운 에너지를 흩뿌리며 오종종 걷고 있었다. 뻐꾸기 소리도 들렸다. 사방이 고요했다. 수면의 빛깔, 나무의 빛깔, 한낮 햇살의 빛깔, 모든 것이 낯익고 친숙하면서도 특별했고 고유했다. 나는 내가 사랑하는 것들 속에 있었다. 우리가 지구에서의 삶을 사랑하는 이유, 죽지 않고 살고 싶어 하는 이유, 우리가 사랑하는 모든 것이 이 지구 안에, 지금 살고 있는 시간 속에 있기 때문이다. 모든 풍경이 한목소리로 말을 하는 것 같았다. "회복해! 회복해!"

문득 머리 위에서 삐- 삐- 하는 소리가 들렸다. 고개를 들어보니 놀랍게도 천연기념물 검은머리물떼새가 하나, 둘, 셋…… 열두 마리나 날고 있었다. 내가 만약 교통사고를 당하지 않았더라면 나는 4월에, 너무나 아름답다는 검은머리물떼새들의 선회를 보러 유부도로 여행을 갔을 것이다. 내가 사고로 보지 못한 검은머리물떼새가 머리 위를 날다니. 이를 어쩐다지?

"복 피디님, 검은머리물떼새예요!"

나는 복 피디에게 소리를 지르면서 사고 이후 처음으

로 새가 날아간 쪽을 향해 절뚝거리며 달리기 시작했다. 그러자 그때까지 내 몸만 생각하던 에너지의 방향과 흐름이 바뀌었다. 에너지가 바깥을 향하기 시작했다. 위기 상황일수록 바깥을 바라보는 힘—내가 그토록 절실하게 의지하던 힘, 나를 수차례 살려준 힘—이 다시 나를 찾아왔다. 세상의 아름다운 장소들은 무거운 영혼을 가진 사람의 발걸음을 조금 더 가볍게 내밀게 돕는다. 바깥공기를 마시게 한다. 나는 (내 몸의 회복을 걱정하는) 나이면서 나 자신 너머, 내 바깥에 있는 존재가 되어갔다. 내 생각이 아니라 내 바깥 세상의 영향을 더 많이 받게 되었다. 나는 다시 사고 이전의 자유롭던 내가 되어갔다. 자연은 예기치 않은 순간에 우리를 놀라게 할 일을 선물한다. 이래서 감사라는 단어가 생겨났을 것이다. 게리 퍼거슨이 말한 대로 "회복은 더 많은 감사를, 더 많은 아름다움을."

깊은 슬픔이 뭔지 아는 게리 퍼거슨의 시선이라면 결코 놓쳤을 리 없는 이야기를 한 가지 같이 나누고 싶다. 미국 옐로스톤 국립공원의 14번 늑대 이야기다. 14번에게는 배우자가 있었다. 13번이었다. 13번은 나이 든 회색 늑대로 별명은 '올드 블루'였다. 1997년 여름, 올드 블루는 점차 늙기 시작했다. 사냥할 때도 느리게 움직였고 무리에서 뒤처지는 모습을 자주 보였다. 결국 다른 성체들이 엘크를 잡아 두꺼운 가죽을 물어뜯어 연 다음 올드 블루가 먼저 먹도록 뒤로 물러나주었다. 올드 블루는 얼마 되지 않아서 죽었다. 올드 블루가 죽고 난 후 14번은 어딘가로 떠났다. 하트레이크 주변에 있는 보금자리에 자신의 새끼들을 남겨두고. 14번은 어디로 간 것일까?

14번은 서쪽을 배회하며 깊이 쌓인 눈 속을 헤치며, 어떤 동물의 흔적도 없는 고지대를 혹독하게 가로질렀다. […] 추적 비행을 하면서 14번의 발자국을 실제로 병행 추적하던 늑대 연구팀은 마침내 14번이 피치스톤 고원에 있다는 사실을 알아냈다. 14번은 3킬로미터에 달하는 그 공허하고 바람 부는 산비탈에 홀로 서 있고, 연구팀의 비행기가 그 위를 돌고 있었다. 그러고는 다시 여정을 떠나 약 24킬로미터를 더 여행했다. 일주일 후, 14번은 자신의 영역으로 돌아와 가족과 재회했다. 비록 아무도 14번이 배우자를 기리기 위해 여행을 떠났다고 말하지 않았지만, 그중 한 생물학자는 나와 맥주를 함께 마시고서 14번의 여행이 바로 그런 이유가 아니겠냐며 가만히 인정했다. 이 모든 것이 깊은 슬픔의 표현이 아닐까. 지금까지도 그 생각을 떨쳐내지 못하고 있다.[4]

나도 같은 생각을 떨치지 못하겠다. 바람 부는 벌판에 서 있던 14번은 내가 애정을 가지고 떠올리는 이름이 되었다. 나는 이 멋진 암늑대를 따라 내 작은 세계 너머, 쇼핑몰과 아파트 가득한 우리의 도시 너머 황량한 고지대로, 더 큰 세계로 여행할 준비가 되어 있다.

그런데 내가 이 이야기를 꺼낸 이유가 있다. 나는 지금까지 이 이야기를 딱 한 번 친구에게 전화로 들려준 적이 있다. 그때 이 이야기를 거의 정확하지만 조금 다르게 말했다. "마치 내 삶에 생긴 구멍이 하늘과 반들반들한 바위와 나팔꽃이 있는 더 넓은 세상으로 메워지는 듯했다." 이 부분을 "마치 내가 더 큰 사랑과 더 큰 세상의 일부가 된 듯했다"고 들려줬다. 전화를 끊고 나서 책을 찾아보니 "더 큰 사랑과 더 큰 세상의 일부"라는 표현은 없었다. 내가 잘못 말했다. 그런데 "더 넓은 세상으로 메워지는 듯했다"라는 말 대신 굳이 "더 큰 사랑과 더 큰 세상의 일부가 된 듯했다"라고 말한 이유는 뭘까? 그 반대를 생각하면 알 수 있다.

더 좁은 세계, 더 작은 사랑을 주제로 생각하기 시작하면 수많은 과거의 일들이 떠오르고 수치심을 떨치기 힘들다. 그렇게 살았고, 이제 더는 그렇게 살기 싫기 때문에, 나 자신이 좀 큰 그릇의 사람이 되면 어떨까 싶은 소망이 마음속에 있었기 때문에 "더 큰 사랑과 더 큰 세상의 일부"라는 말이 내게 중요했을 것이다. 어쩌면 르귄의 말이 나에게 영향을 줬을지도 모르겠다. "(우리는) 굳이 우리가 살 수 있었던 세상 중 가장 작은 세상에 맞춰져 있다. 우리는 세상을 우리 인간들과 우리의 소유물로 축소시켰지만 그런 세상에 맞게 태어나지는 않았다." 이런 세상에 맞게 태어나지 않았는데도 마치 맞게 태어난 것처럼 살다 보면 어떤 일이 벌어질까?

우선 에너지의 문제가 발생한다. 살 수 있었던 세계보다 더 작은 세계의 한 부분으로 맞춰 살려면 좁은 틀에 자신을 억지로 구겨 넣어야 할 텐데 그러려면 꽤 에너지를 써야 한다. 그 결과는 좋지 않다. 억지로 맞추는 데 에너지를 다 써버려서 자신이 진짜 어떤 힘을 가지고 있는지 알 방법이 없게 되어버린다. 그래서 게리 퍼거슨도 회복은 "현실을 작게 만들고 싶은 욕구를 내려놓느냐 마느냐"에 달려 있다는 표현을 쓴다. 어쨌든 "더 큰 사랑과 더 큰 세상"은 내 가슴속에 들어와 자리를 잡고 입 밖으로 나가기만 기다리던 말들이었다. 그 이유는 이렇다.

영원한 사랑

1990년대 말 김종필 국무총리 시절 이○○이라는 사람이 화성군에 살고 있었다. 그녀는 1979년 9급 공무원으로 공직을 시작해 1997년 화성군의 부녀복지계장이 되었다. 그녀는 부임 두 달 뒤부터 상사인 강OO 사회복지과장의 압력을 받기 시작했다. 씨랜드가 접수한 청소년 수련 시설의 설치 및 운영 허가 신청서를 즉각 처리해주라는 내용이었다. 이 계장은 현장을 둘러본 후 진입 도로 등 조건이 미비해 허가를 내줄 수 없다고 했다. 강 과장은 허가권자는 군수인데 당신이 뭔데, 라며 계장을 몰아세웠고 씨랜드 박OO 대표는 젊은 남자 세 명을 데리고 찾아와 애들을 다 죽이고 인생을 끝장내주겠다고 협박했다. 강 과장은 박 대표가 주는 것이라며 50만 원을 건네기도 했다. 이 계장은 1998년 1월 30일 자 메모에 이 일에 대해 이렇게 적고 있다. "굶어 죽어도 이 돈은 싫다." 그러나 결국 이 계장은 씨랜드 청소년 수련 시설 허가에 사인을 했다. 씨랜드는 군수님의 관심 사항이었다.

1년 반 뒤인 1999년 6월 30일, 씨랜드 화재 참사가 일어났다. 301호에 묵었던 소망 유치원생 열아홉 명을 포함해 스물세 명이 숨졌다. 현장으로 달려간 부모들은 아이들을 만날 수 없었다. 까맣게 타버린 아이들은 이미 국과수로 옮겨졌다. 국과수는 한 달이 걸릴 것이라던 화재 원인 규명을 이틀 만에 모기향으로 발표했다.

유족들은 화재가 난 장소에 모기향이 있었으니 모기향이 원인이라는 식의 국과수 발표를 믿을 수 없었다. 아이들의 생명을 뺏어간 사람들은 설명을 해야 했으나 그런 일은 없었고, 아이들의 시신은 썩어가고 있었다.

8월 7일 서울시립화장장에서 다섯 대의 버스가 주문진을 향해 출발했다. 유족들은 유골함을 무릎에 올려놓고 꼭 끌어안은 채 버스에서 밤을 보냈다. 다음 날 새벽 일출에 맞춰 유골을 바다에 뿌렸다. 아이들은 화성에서 가장 먼 곳, 인간의 손길이 닿지 않은 동해 바다로 함께 갔다.

"얘들아, 인간이 없는 저 먼 곳에서 너희들 손발 찾아가거라."

아이들을 보내고 돌아온 유족들은 상황을 있는 그대로 파악하려는, 거의 불가능한 목표에 도전했다. 아이들이 전원 사망한 301호는 어떤 곳이었나? 국과수는 왜 사건 이틀 만에 화재 원인을 모기향이라고 발표했나?

유족들이 그날 밤 화재와 관련된 모든 것을 조사한 시간은 잃어버린 사건의 단서를 찾아 과거 속으로 떠난 여행과도 같았다(유족들은 훗날 이때 일을 공부하고 또 공부했다고 표현했다). 사건 당일인 6월 30일 씨랜드의 전력 사용량, 누전차단기 작동 문제, 그날 밤 교사들의 행적, 씨랜드의 수익, 씨랜드 박 대표가 처음 씨랜드를 구상한 1995년의 사업 진행 과정, 박 대표와 화성군수의 만남, 1998년 6·4 지방선거 자금, 컨테이너 박스로 건물이 지어진 경위, 법규 및 재판 과정의 문제, 그리고 모기향 화재 실험까지. 그러나 국가는 유족들이 무력한 희생자이기를 원했다. 유족들이 알아낸 것을 바탕으로 한 재수사 의견은 받아들여지지 않았고 유족들이 재판 과정에 참여할 방법도 없었다. 2000년 2월 29일 서울고등법원 법정에 선 사람은 모기향을 피운 천○○ 소망유치원 원장, 휠체어에 탄 박○○ 씨랜드 대표 등 민간인 셋뿐이었다. 씨랜드 참사에 연루된 공무원 전원은 허술한 법망 사이로 빠져나갔다.

지속적인 부정의만큼 유족들을 지치게 하는 것도 없었다. 그날 세상을 떠난 쌍둥이 중 한 명인 나현이는 노트에 이런 글을 남겼다. "저는 소망유치원에 다닙니다. 저는 선생님을 사랑합니다. 저는 햇님반 선생님을 믿습니다." 그러나 아이들이 그날 머문 씨랜드는 학생 1인당 5천 원의 리베이트 비용이 오가는 곳이었다.

　유족들은 아이들의 믿음을 저버리는 세상이 미웠다. 유족들은 한 인간의 생명, 자유, 꿈이 누구의 손에 달렸는지를 따져보고 마음속 깊이 흔들렸다. 우리 모두 깨

끝해지지 않는 한 대책은 영원히 없을 것 같다고 유족들은 생각했다. 그러나 우리가 저절로 변할 가능성은 크지 않다. 누가 미래를 바꿀 수 있는가? 현실의 추악함과 절대로 이해관계를 나누어 갖고 싶지 않은 사람이어야 했다.

숨 쉬고 사는 것만으로도 초인적인 인내심이 필요했을 유족들은 고통과 분노로 피눈물을 쏟으면서도 끝까지 용감하게 진실을 감당했고 경험을 보존했다. 2000년 4월, 유족들은 '그날 밤 씨랜드에선 어떤 일이 벌어졌는가'라는 부제를 단 『씨랜드 참사 백서』를 냈다. 유족들은 이 책에 「우리의 다짐 글」이란 글을 남긴다.

과연 무얼 걸고 맹세해야 우리의 다짐이 변하지 않을까?
우선 우리 유가족들이 변하지 않고 영원히 함께하길 바란다
그래야만 우리 아이들이 편할 것이고
우리의 사랑 또한 영원히 변하지 않을 것이기 때문이다
외롭고 슬플 땐 오늘을 다시 되돌아봤으면 한다
우리가 함께했던 세월을
아이들을 맨 처음 잃었을 때부터
그리고 그 긴 여정을 함께했던 세월을!
우리는 지금 무엇을 해야 좋을지 모른다

어떻게 해야 바로 사는 건지, 무엇이 옳은 건지
그러나 이거 하나만은 알고 있다
우리가 영원해야만 그리고 우리가 언제까지나
깨끗해야만 살 수 있다는 것을
우린 바라고 싶다
모든 사람들이 편하게 살 수 있고 모든 생명이
존중받고 사랑받기를
그러기 위해선 우리가 노력해야 한다고 생각한다
비단 우리 아이들을 잃은 것만 생각할 것이 아니라
또 다른 미래를 위해서
자라나는 새싹들을 보호해야 한다는 것을

2017년경, 나는 처음 이 글을 읽었다. 읽고 나자 할 말을 잃었다. 그리고 작아졌다. 깨끗하게 살아야만 사랑이 영원할 것이라고 생각하다니, 이 신비로운 생각을 어쩌면 좋단 말인가. 이 말은 할 수만 있다면 불타는 지옥에 가서라도 아이들을 업고 나오고 싶었던 사람들의 입에서 나온 말이다. 사랑했던 기억, 몸의 따뜻함, 그 몸의 훼손, 피, 눈물, 검은 상복, 흰 상복의 기억이 유족들의 말 안에다 녹아들어가 있다. 어떤 경험을 들을 가치가 있는 말로 바꾸는 것은 미치도록 어려운 일인데 유족들은 바로 그 일을 했다. 현실을 있는 그대로 보면서도 그 일이 일어나지 않았을 방법을 상상했기 때문에 나올 수 있는 말이었다. 돌덩이 같은 현실을 깨려고 숯덩이 가슴에서 나온 말들이다. 비극과 꿈의 가슴 찢어지는 결합이다. 나는 이 말들이 그들을 부축하고, 떠나버리고 싶은 마음을 지상에 묶어두었을 것이라고 생각한다.

나는 아이들이 화성에서 가장 먼 곳을 향해 떠날 때, 유족들이 배를 탈 수 있도록 강릉 청년회 회원들이 도왔다는 이야기를 들었다. 그날 유족들은 인간이 발로는 더 이상 갈 수 없는 곳까지 갔을 것이다. 더 가려면 날 수 있어야만 했을 것이다. 날지 못했기 때문에 배를 탔을 것이다. 유족들은 거기서 그토록 사랑하던 몸을 보냈다. 유골함을 결사적으로 안고 있다가 놓았다.

  나는 씨랜드 참사 20년 후 유족들이 유골함을 안고 갔던 길을 그대로 따라가봤다. 그리고 당시 유족들에게 배를 제공했던 청년회 회장을 만나 유족들이 유골함을 안고 서 있었던 곳에 서봤다. 눈앞에는 텅 빈 바다가 있었다. 그러나 바다에는 아무것도 없다고, 영원한 것은 없다고 말한다면 죽은 아이들은 깜짝 놀랄 것이다.

  "엄마 나예요! 나! 나, 여기 있어요."

  마침 파도는 내 눈앞에서 돌아오고 또 돌아오고 있었다. 예전에 있었던 아이들은 언제나 있을 것이라고 말해주는 것처럼.

그 바다에는 그곳에서 보리라 상상도 못 한 것도 있었다. 소원을 빌면 아기를 낳게 도와주는 치성 바위였다. 그리고 그 바위에서 몇 발자국 떨어진 작고 평평한 바위에는 누가 두고 갔는지 알 수 없는 노란 국화 한 송이가 놓여 있었다. 태어남과 영원한 상실이, 말없는 애도가 한꺼번에 눈에 들어왔다. 여기서 아이들은 우리들에게 알려지지 않은 세계로 갔다. 여기서 부모들은 발걸음을 돌려 우리가 잘 아는 세계로 돌아왔다. 그리고 그들 마음의 일부분은 앞에서 내가 인용한 바로 그 마음에 뿌리를 내리고 살려고 애썼을 것이다. 나 스스로 나 자신이 그다지 떳떳하지 않고 내가 하는 많은 일이 무의미하다고 여기고 있었지만 그러나 그들이 살고자 하는 바에는 도저히 그런 생각을 할 수 없었다. 내가 주문진 바다에 갔을 때, 슬픔이 물결치는 와중에도 해초가 춤을 추듯 우아하게 몸을 흔들고 있었다. 긴 머리 해초는 내게 말했다.

"가봐. 돌아가서 계속 앞으로 가봐."

질문

2011년 7월 25일의 일기예보는 며칠 동안 전국에 많은 비가 내린다고 했다. 7월 27일 춘천에 자원봉사를 간 인하대 발명 동아리 아이디어 뱅크 학생들은 숙소인 민박집 1층 큰방에 모여서 선후배간 대화의 시간을 갖고 있었다. 학생들은 관심사, 장래의 꿈, 미래에 대한 이야기를 나누면서 서로에 대해 알아갔지만 그날 밤 9시 25분 자신들이 묵고 있는 곳 근처 마적산에 산사태 위험 주의보가 발령되었다는 것은 알지 못했다. 그 사실을 학생들에게 알려줬어야 할 민박집 주인은 안전한 춘천 시내 아파트에서 자고 있었다. 딸이 자원봉사를 하러 간 춘천에 폭우가 내린다는 일기예보를 듣자 엄마는 딸에게 전화를 했었다.

"비 오니까 어디 돌아다니지 말고 숙소에 있어."

우리도 했을 법한 말이다. 그날, 숙소는 산사태로 매몰되었다.

대구 지하철 참사로 아내와 유치원생 딸을 잃은 아버지. 늦게까지 일하고 돌아와 잠든 그는 사고 당일 아침 일찍 집을 나서는 아내와 딸에게 거의 이렇게 말할 뻔했다.

"내가 태워다줄까?"

그러나 그는 몽롱한 잠 속으로 빠져들었다. 딸은 "다녀오겠습니다!" 배꼽인사를 하고 문을 닫고 나갔다.

아내는 화염 속 지하철 아수라장에서 딸을 온몸으로 덮다시피 끌어안았다. 아이의 뼈가 아내의 뼈보다 더 많이 발견되었다. 우리는 그 행동의 의미를 모르지 않는다. 우리도 할 법한 행동이다.

김용균은 태안 화력발전소에 비정규직으로 취직하고 살이 많이 빠졌다. 엄마는 "그렇게 힘들면 그만두면 안 되겠니?"라고 물었다. 김용균은 조금만 더 참아보겠다고 했다. '애어른' 용균이는 집안 형편이 어렵다는 것을 알고 엄마가 고생하는 것 또한 알고 어서 빨리 부모에게 도움이 되고 싶어 했다. 사고 당일 아침 6시에 태안 경찰서에서 전화가 왔다. 아드님이 맞는지 확인해달라는 내용이었다.

"대체 뭘 확인해달라는 거예요?"

차가 없던 부모는 구미역에서 기차를 타고 역에서 내려 택시를 타고 여섯 시간 넘게 걸려 태안 의료원에 도착했다. 그 긴 시간 동안 엄마는 속으로 생각했다. '우리 애는 기절해서 깨어나지 않는 것뿐이야!'

의료원에 도착하자 부모는 중환자실로 뛰어갔다. 그러나 용균이 같은 아이는 들어오지 않았다고 했다. 남은 곳은 한 군데뿐이었다.

경찰이 영안실의 서랍장을 열었다. 얼굴이 먼저 나왔

다. 까맸다. 석탄가루 범벅이었다. 그 순간은 죽을 때까지 잊을 수가 없을 것이다. 부모는 그 자리에 주저앉아 땅을 치고 통곡했다. 그 통곡 소리를 무엇과 비교할 수가 있을까? '용균이는 알까? 우리가 여기 와 있다는 것을. 혼자 죽은 내 아들. 나의 모든 것.'

태안 화력발전소에서 밤마다 김용균은 힘들 때 스마트폰에 메모를 남겼다.

"용균아, 힘내!"

김용균 스스로 자기 자신에게 하던 말이다. 우리도 가끔 하는 일이다.

대구 지하철 참사 당시 방화범이 뿌린 휘발유의 양은 2~3리터. 결코 많지 않은 양이었다. 그런데 이 휘발유가 어떻게 두 대의 열차를 전소시키고 192명을 죽게 만들고, 151명을 다치게 할 수 있었을까? 사건 발생 8분 만에 현장에 도착한 소방관들이 진입하지도 못할 정도로 강력했던 불길은 무엇 때문이었는가? 언론과 대구시는 마스터키를 뽑아서 탈출한 기관사에게 참사의 책임을 돌렸으나 사건 다음 날 대구시 37개 시민 단체가 구성한 자체 진상조사위원회는 다른 의견을 내놓았다. 대구 지하철 문의 개폐나 제동을 담당하는 공기호스가 불연재가 아니었던 것이다.

아내와 딸을 잃은 아버지에게는 초등학교 5학년이던 아들이 한 명 더 있었다. 아들에게 어떤 사건이 일어났는지 말해주는 사람은 없었다. 아들은 그냥 눈치로 엄마, 아빠, 동생이 모두 죽은 것으로만 알고 있었다. 그리고 어린아이에 불과하지만 말없이 슬픔을 삭이고 있었다. 참사는 성실했던 가장의 혼을 빼놓았다. 지하철 참사 현장에서 날밤을 지새우던 아버지가 할머니와 함께 있는 아들 생각이 난 것은 사건 후 두 달이 다 되었을 때였다.

"아빠 조금 있으면 갈게."

그때 아들은 전화기 너머로 그야말로 폴짝폴짝 뛰면서 기뻐했다.

당시 희생자 대책위원회를 만든 유족들은 질문을 던졌다. "가족을 잃은 우리는 무엇을 해야 할까?" 복수를 꿈꾸는 자, 냉소주의자, 은둔자, 알코올 중독자, 이 중 어떤 것이 되어도 이상할 것이 없었다. 이것은 정의의 문제였고 고독의 문제였다. 가족의 목숨을 잃게 만들었을 뿐만 아니라 사건 후에도 여전히 정의롭지 못한 세상에서 유족들은 고독했다. 유족들은 많은 것이 될 수 있었지만 가장 어려운 정체성을 택했다. 바로 '사랑하는 자'였다. "아직 우리들에게는 지켜야 할 것이 있지 않은가?" 유족들이 만든 희생자 대책위 4대 과제 중 두 번째는 '안전한 지하철 만들기'였다. 2005년 대구 지하철 참사 유가족들은 대구 지하철 노조와 함께 대구 지하철 전 차량의 내장재를 불연재로 교체했다. 우리는 불연재로 된 지하철을 타고 다닌다.

세월호 참사가 난 전해에 태안 해병대 캠프 참사에서 아들을 잃은 아버지들은 참사 소식을 듣자 즉시 팽목항으로 출발했고 진도의 체육관과 경찰서 문을 박차고 들어갔다.

"당신들 누구요? 뭐 하는 사람들이에요?"

"나? 나는 해병대 캠프에서 목숨을 잃은 아들을 둔 아버지다. 아들을 잃은 아버지로서 말합니다. 지금 잘하면 아이들을 구할 수 있습니다. 아들을 잃은 사람으로서 간곡히 부탁합니다. 꼭 좀 구해주세요."

그 순간 내 자식의 목숨이나 남의 자식의 목숨이나 차별하고 말 것이 없었다. 똑같이 중요했다.

춘천 산사태 유족들은 두 번 다시 가고 싶지 않은 사고 지역의 산에 여섯 번이나 올라 산사태가 인재임을 밝혀냈고 아이들의 꿈을 기억하고 싶어 했다. 유족들은 자식들이 자원봉사를 하러 갔다가 목숨을 잃게 된 상천초등학교의 아이들을 위해 해마다 장학금을 기부한다. 자원봉사에 관한 조례 또한 개정했다.

김용균의 어머니는 아들이 죽자 김용균의 동료들에게 물었다.

"말해줘. 우리 아들이 어떻게 죽었는지."

이상한 질문이다. 부모가 자식의 죽음을 묻다니 순리에 맞지 않는다. 김용균의 어머니는 이 이상한 질문을 끝까지 밀고 갔고 죽음을 막는 사람이 되고 싶어 했고 일하다 죽는 사람들이 없는 세상을 원했고 그 세상을 만들려고 했다. 김용균 사후 만들어진 '중대재해처벌법'은 사랑으로도, 하늘까지 들릴 듯한 통곡으로도 결코 자식을 되살려놓을 수 없었던 어머니의 고통과 비탄이 녹아들어간 이름이다.

더 큰 사랑, 더 큰 세계

유족들은 한결같이 "내가 이렇게 슬프지 않았더라면 몰랐을 게 너무 많아요"라고 말한다. 그들의 슬퍼하는 눈에는 보이는 것이 있다. 그들은 비극이 자꾸 일어나는 것에 대해서 기이한 책임감을 느꼈다. 그들은 견딜 수 없는 일을 겪었지만 그 일을 재료로 그나마 견딜 수 있는 세상을 만들려고 했고, 타인이 살아갈 힘을 뺏기는 일을 없애는 데 힘이 되려고 했다. 그들이 이렇게 한 이유는 뭘까? 믿기지 않게도 희망 때문이다.

희망은 정말 묘한 것이라서 희망을 가진다는 게 터무니없어 보이는 곳에서 가장 절실하게 요구된다. 유족들은 차마 겪어내기 힘든 일을 겪었지만 슬픈 자아의 일부분은 눈물겨운 희망에 근거를 두고 있다. 대체 희망이 무엇이길래 이 슬픈 사람들에게 그렇게 중요했을까? 유족들에게 물어보면 모두 이구동성으로 이렇게만 말한다. "유족이 되면 그렇게 돼버려요."

나로서는 그 대답을 찾는 데 꽤 오랜 시간이 걸렸다. 희망은 다른 것이 아니라 더 나은 곳을 바라는 열망이다. 희망은 우리 마음을 편안하게 해주는 것이 아니라 자꾸만 잡고 늘어지는 것이다. 차마 뿌리치지 못하게 하는 어떤 것들이다. 그러나 어쩌랴. 이제는 곁에 없는 사랑하는 사람들을 위로할 수 있는 방법은 변화뿐인데. 더 나은 곳으로의 변화만이 시간과 이야기 밖으로 떨어져 나간 가족들을 다시 시간과 이야기 속에 자리 잡게 할 수 있는데. 이런 방식으로 그들은 사랑으로 할 수 있는 일을 해냈다. 유족들은 사랑하는 가족을 살려내지 못한 것이 한이라서 사랑을 발명해야만 했다.

나는 그들이 사랑하는 가족은 구하지 못했지만 그 사

랑하는 가족이 살았을 수도 있는 세상의 많은 생명을 이미 구했고 또 구하려고 할 것이라고 생각한다. 그러나 그들의 사랑을 받고 있는 우리는 자신이 누구의 사랑을 받고 있는지 전혀 모른다. 누가 우리를 더 살아 있게 하려고 하는지 모른다. 충분히 존중받지도, 충분히 위로받지도 못한 사람들이 이렇게 하고 있다는 것을 전혀 모른다. 지금은 인간 정신을 극도로 왜소하게 만드는 목소리들이 힘을 얻는 시대다. 적응의 동물인 우리는 이런 분위기에도 익숙해져 살 수 있다. 그러나 이렇게 살다 보면 우리가 영영 하지 못하게 되는 일이 있다. 우리는 우리의 행복과 불행, 슬픔과 상실, 우리의 가장 좋은 것인 희망과 사랑에 대해서 말하는 법 자체를 잊어버리게 된다. 최악의 상황에 적응하느니 최선의 것에서 위안과 기쁨을 얻을 힘이 우리에게 있다는 것을 잊어버리게 된다. 그러나 우리 인간들은 이런 정도의 정신적 붕괴를 감당할 수 없다. 유족들을 조롱하는 사람들 자신도 사랑과 이해를 원한다. 그것도 희망이라면 희망이다.

나에게 유족들의 목소리는 사는 것이 거의 아무 의미도 없어진 순간에조차 의미를 만들려고 할 힘이 우리에게 있다는 증거처럼 보인다. 생명의 하찮음이 아니라 생명의 가치가 무엇인지 알려주는 목소리로 들린다. 최악의 아픔을 겪은 마음에서 우러나오는 고귀함에 깊은 경의를 표한다. 세상에 슬픔을 더는 소원들에 경의를 표한다. 그런데 경의를 표하느라 고개를 숙이는 동안 다른 일도 일어났다. 목덜미에서 영혼 하나가 태어난 것이다. 그 영혼은 원래의 나에게 없던 것이었다. 그 영혼은 "생명은 소중하다!", "삶은 소중하다!"고 말하고 있다.

세월호 이후 내게 가장 크게 바뀐 점이 있다면 삶이 사라지는 것을, 삶을 잃어버리는 것을, 우리의 인간적인 모든 것이 사라져버리는 것을 무척 아까워하게 되었다는 점이다. 내 삶뿐 아니라 타인의 삶도. 그것을 다른 무엇보다도 훨씬 더 많이 말하게 되었다는 점이다. 나는 유족들에게 사랑하는 사람을 잃은 사람의 눈으로 세상을 보는 법을 배웠다. 유족의 눈으로 세상을 보는 것은 구해야 할 것이 있는 사람의 눈으로 세상을 보는 것이다. 삶도 죽음도 무의미하지 않기를 바라는 눈으로 세상을 보는 것이다. 삶도 죽음도 무의미하다는 그 무의미와 싸우며, 자신의 아픈 가슴속 생각 중 가장 좋은 것을 내주면서 변화의 일부분이 되려고 하는 것이 유족들의 사랑이다. 나는 유족들의 눈으로 세상을 보는 것이 나 개인에게 갖는 의미를 알고 있다. 내가 조금이라도 "더 큰 사랑과 더 큰 세상"에 대해 생각한다면 유족들 덕분이다. 유족들은 슬픈 마음의 일부분을 해방시키고 그것을 우리에게 나눠주었다. 이렇게 인간이 할 수 있는 가장 고매한 행위로서의 사랑을 발명했다. 이것이 많은 유족들이 반복적으로 하는 말, "다시는 이런 일이 일어나지 않았으면 좋겠습니다"는 한 문장 안에 담긴 말 없는 말들이다. 나는 사랑은 창조 행위라는 말을 그들을 보면서 이해한다.

단, 유족의 말이 나를 숙연하게 하지만 그래도 우리는 이런 유가족이 더는 없는 세상을 꿈꿔야만 한다. 사랑하는 누군가를 잃는 것은 돌이킬 수 없는 상실, 유한한 삶 속에 무한한 것은 오직 슬픔뿐인 것만 같은, 혼자서 겪어내고 혼자서 감당해야 할 괴로움이 너무 많은 시간을 의미하기 때문이다.

목소리의 발명

나는 내 목소리에 질려버렸지.
── 레이먼드 카버

새로운 목소리가 들려왔지.
그 목소리가 자신의 목소리임을 서서히 깨닫고
그 목소리를 길동무 삼아 자신이 할 수 있는 유일한
일을 하겠다는 결심으로
세상 속으로 깊이 들어갔지.
── 메리 올리버

삶에 형태를 부여할 자신만의 고유한 방법을 어떻게 발견할까? 이 문제는 이제 내게는 싱거울 정도로 쉬워졌다. 나는 책을 읽으면 된다. 내게는 새 책에 대한 기대가 새 삶에 대한 기대, 곧 내 목소리와 합쳐질 새 목소리에 대한 기대와 같다. 작가들은 나에게 새 '눈'과 새 '목소리'를 준다.

새

나는 책을 읽으면서 사랑에 대해서 말하는 수많은 방식을 배웠고 각각의 이야기에 매료되었다. 그러나 모든 사랑 이야기가 그런 것은 아니다. 시인 쉼보르스카의 비필독 도서 에세이 『읽거나 말거나』에 나오는 『일곱 명의 클레오파트라』 이야기를 예로 들어보겠다.

책에 따르면 역사상 클레오파트라는 총 일곱 명이 있었다. 그중의 마지막 클레오파트라 7세가 '영원한 명성'을 누리게 되었다. 특이한 것은 그들이 모두 근친혼을 했다는 점이다. 프톨레마이오스왕조는 파라오의 전통을 계승했고 파라오들은 남매지간인 이시스신과 오시리스신을 모델로 자신의 누이들과 결혼했다. 이렇게 해서 어머니는 자신의 아이들의 고모가 되고 아버지는 그들의 외삼촌이 되었다. 자식들은 아버지와 어머니에게는 자식이면서 조카가 되는 셈이다. 자식들끼리는 형제지간이자 사촌지간이 된다. 이 왕조의 아이들에게는 부모 두 명, 조부모 네 명이 아니라 조부모 두 명이다. 증조부도 여덟이 아니라 두 명이 된다. 그런데 클레오파트라 7세 때 상황이 조금 더 복잡해졌다. 클레오파트라 2세는 자신의 친오빠와 결혼했다. 그가 죽자 다시 남동생과 결혼했다. 남동생은 자신의 누이이자 형수이자 아내의 매력에 만족하지 않았다. 그래서 그녀가 죽기 전에 그녀가 첫 번째 결혼해서 낳은 딸과 결혼을 했다. 그러니까 자신의 친조카이자 외조카이자 동시에 의붓딸인 여자와 결혼을 한 셈이다(여기서부터 나는 손가락으로 계보를 그려보느라 분주해졌다). 그래서 이 젊은 여성은 자기 어머니의 올케(남동생의 아내가 되었으므로)가 되었고 그녀가 자신의 삼촌이자 아버지와의 사이에서 낳은 여러 명의 자식은 아버지이면서 동시에 할아버지를 갖게 되었다. 할머니의 입장에서 보면 이 아이들은 손주이면서 동시에 조카인 셈이다. 결국 쉼보르스카는 한마디 한다. "아, 어찌나 복잡한지 더 이상 계속할 여력이 없다."

내 말이 그 말이다. 나는 더 이상 읽을 여력이 없었을 뿐만 아니라 독서의 모든 의욕을 잃고 잠시 누워 있어야 했다. 클레오파트라 가문이 '다양성'이라는 단어를 알았더라면 내 삶이 좀 덜 힘들었을 것 같다(내가 요약한 것은 『읽거나 말거나』 230면에서 일어난 일이다. 읽어볼 것을 권한다. 나의 고통을 이해받고 싶다5. 어찌어찌 정신을 추스르고 다시 책을 읽기 시작했는데 246면에 이르자 나는 급속도로 회복했다.

나는 새들을 사랑한다. 그들이 날기 때문에, 그리고 날지 않기 때문에. 물이나 구름 속에 몸을 담그기 때문에 사랑한다. 공기로 가득 찬 그들의 발목을 사랑하고, 깃털 아래, 방수 기능을 가진 솜털을 사랑한다. 날개 후미의 사라진 발톱들과 발끝에 보존되어 있는 발톱들을 사랑한다. 정감 넘치는 물갈퀴 또한 사랑스럽기 짝이 없다. 때로는 자줏빛의, 때로는 노란빛의 껍질로 싸인 그들의 가늘고 꼿꼿한 다리, 혹은 흰 다리를 사랑한다. 우아함을 뽐내는 발걸음, 또는 발밑의 땅이 흔들리기라도 하는 듯 뒤뚱거리는 발걸음을 사랑한다. 자신만의 방식으로 우리를 쳐다보는 튀어나온 눈을 사랑한다. 원뿔 모양, 가위 모양, 납작한 모양, 옆으로 흰 모양, 긴 모양, 짧은 모양의 부리를 사랑한다. 그들을 돋보이게 만들어주는 온갖 장식들, 즉 주름과 깃털, 볏, 러프, 프릴, 더블릿, 판탈롱, 부채, 그리고 디키를 사랑한다. 결코 단조롭지 않은 오묘한 색채의 잿빛 깃털뿐 아니라 짝짓기 철이 되면 특별한 효과를 뽐내는 얼룩무늬 깃털 또한 사랑한다. 나는 새들의 둥지와 알 그리고 악어처럼 크게 벌린 새끼 새들의 부리를 사랑한다. 또한 나는 새들의 짹짹거림, 높고 짧은 지저귐, 색색거림, 삐걱거림, 감미로운 노랫소리를 모두 사랑한다.[6]

이것은 쉼보르스카의 목소리면서 미숙하게나마 내 목소리(아직은 옹알이 수준)이기도 하다. 나도 새를 사랑한다. 내 '사랑'이라는 단어에 동그라미를 치면 그 안에 새가 들어가 있어야 한다. 지상에 아직은 여러 종류의 새가 남아 있어서 그나마 다행이다. 클레오파트라 7세의 다양성이라고는 전혀 없고 복잡하기만 한 사랑 이야기보다 새 사랑 이야기가 훨씬 좋다. 당장 새타령을 해보겠다.

나는 첫 비행을 배우는 어린 새들을, 엉망진창 날갯짓을 사랑한다
새들이 첫 비행을 하는 호수와 절벽, 늪지와 습지 또한 사랑한다
어린 새가 먹이를 먹는 동안 주위를 경계하며 망을 보는 어미 새와 아비 새들을 사랑한다
그때 길게 뺀 어미 새와 아비 새들의 잔뜩 긴장한 목덜미를 사랑한다
추운 겨울날 밖에서 견디는 작은 새들을 사랑한다
닳아빠진 내 마음까지 천진하게 만드는 작은 새들의 오종종 달리기를 사랑한다

새들이 상승기류를 타고 까마득히 높이 나는 모습을 사랑한다
황조롱이가 날개를 펴고 하늘에 유유히 떠 있는 모습을 사랑한다
독수리가 방향을 틀기 위해서 날개를 꺾는 모습을 사

랑한다

수리부엉이가 알을 품고 절벽 위에 고양이처럼 웅크리고 있는 모습을 사랑한다

기러기들의 V자 편대를 사랑한다

선두에 있는 기러기를 사랑한다

뒤처져서 허둥지둥 서두르는 기러기를 사랑한다

날갯짓 소리를 전혀 내지 않고 날아가는 올빼미를 사랑한다

새들을 바라보며 멍하니 보내는 시간을 사랑한다

새가 나를 더 이상 경계하지 않는 시간을 사랑한다

자유가 필요한 날, 내가 새가 되는 상상도 한다

그러니 새가 나는 것처럼 창공을 훨- 훨- 나는 자유를 결코 포기하지 않는 사람을 사랑할 수밖에,

길을 잃었을 때 저기 떠 있는 외로운 새 한 마리에 마음을 투영하며 혼자 있을 줄 아는 사람을 사랑할 수밖에

그러나 원래는 새를 사랑하지 않았다

세상에 새가 있는 줄도 몰랐다

내가 새를 사랑하게 될 줄은 꿈에도 몰랐다

자신 있게 말할 수 있는 것은

그때는 내가 누구인지도 몰랐고 나 자신을 사랑하는 법

도 몰랐다는 것이다
그때 나는 무엇이 내 미래가 될지도 몰랐다
내가 아닌 다른 뭔가에 대한 발견이 사랑이란 것도
나라는 단어 말고 다른 이름을 부를 줄 아는 것이
사랑이란 것도 몰랐다

오늘날 내가 그토록 사랑하는 많은 것들이
한때는 내 눈에 전혀 보이지 않았었다
이제는 내가 사랑하는 것들을,
너무나 눈부시게 살아 있고 너무나 빛이 나지만
그 깃털과 몸통은 너무나 부드럽지만
너무나 위기에 처해 있는
사랑하는 것들을,
아무것도 아닌 것으로 만들지 않는 것이 생의 소원이다

결심

1989년 동사무소 직원이라고 알려진 한 사람이 전남 순천의 야산을 산책하다 날개와 다리를 다친 커다란 새를 발견했다. 발견자는 그 새를 자신의 아이가 다니는 순천남초등학교에 기증했다. 교장 선생님은 커다란 새를 위해서 특별히 큰 닭장을 만들었다. 횃대도 만들었다. 비록 콘크리트지만 바닥도 넓게 만들어주었다.

아이들은 가끔 새에게 먹을 것을 가져다주었다. "이 새는 백로인가봐!" 선생님들도 학생들도 그렇게만 생각했다. 세월이 흘러 아이들은 차례차례 졸업을 했다. 그래도 커다란 새는 여전히 같은 곳에 있었다. 11월이 되면 새가 있는 닭장 위로, 아침저녁으로 흑두루미들이 순천만을 향해 날아갔다.

세월이 조금 더 흘러 김대중 대통령 시절이 되었다. 2000년 7월 초등학교 운동장에서 대규모 정치 집회가 열렸다. 집회 예정 시간보다 일찍 도착한 학부모 한 명이 학교를 둘러보다가 커다란 새가 있는 닭장을 발견했다. 그는 마침 환경 단체 회원이었다. 그의 눈에 새는 아무래도 천연기념물 같아 보였다. 그는 즉시 이 사실을 지역 시민 단체에 알렸다. 커다란 새는 천연기념물 228호 흑두루미였다.

흑두루미는 건강검진을 받았다. 한국 최초의 흑두루미 건강검진이었다. 건강 상태는 좋지 않았다. 비만에다 고지혈증이 있었고 근력이 약했다. 새를 발견한 사람들은 흑두루미를 다시 닭장으로 돌려보낼 수는 없다는, 당시에는 혁신적인 생각을 했다.

야생으로 돌아가려면 흑두루미는 야생 훈련을 받아야 했다. 일단, 훈련 전에 흑두루미는 이름부터 얻었다.

이름은 두리였다. 12년 동안 갇혀 있던 두리가 야생으로 돌아가 철새로 살 수 있을까? 관건은 날 수 있느냐와 스스로 먹을 것을 구할 수 있느냐였다. 두리는 처음 야산에서 잡혔을 때 이미 성체였다. 분명히 나는 법을 알고 있을 것이었다.

  두리는 닭장에서 풀려나 날기와 야생에서 스스로 먹이 구하기 훈련을 받았다. 처음에 두리는 변화에 저항했다. 아주 늙은 새처럼 다리를 부들부들 떨었다. 그러나 두리는 결국 해냈다. 두리가 첫 비행에 성공한 것은 광명의 골프장에서였다. 미국에서 9·11 테러로 비행기가 추락했을 무렵, 두리는 자기만의 저공비행을 할 수 있게 되었다. 두리는 이제 닭장이 아니라 순천만으로 갔다. 당시 순천만에는 야생 흑두루미가 150마리 정도 있었다. 순천만의 야생 흑두루미들이 두리를 받아들여줄까? 두리를 수상하고 이상한 놈이라고 생각하지 않을까? 시간은 걸렸지만 두리에게 친구가 생겼다.

  두리가 겨울을 친구들과 보내고 나자 순리대로 봄이 되었다. 순천만의 흑두루미들이 슬슬 먼 여행을 떠날 채비를 하기 시작했다. 두리는 친구들을 따라 높은 하늘로 날아올랐다가 내려오기를 반복했다. 두리는 망설였다. 익숙한 곳에 남을 것인가, 친구를 따라 먼 곳으로 갈 것인가? 한쪽을 선택하면 다른 쪽은 포기해야만 한다. 과연 어느 쪽이 옳은 길일까? 두리가 망설이는 동안 흑두루미들은 차례차례 떠났다. 이윽고 마지막 남았던 몇 마리마저 떠났다. 이제 순천만에 흑두루미는 몇 마리나 남았을까? 두리는 순천만을 한 바퀴 크게 돌아보았다. 친구들이 한 명도 보이지 않았다. 논에도, 가을에 갈대가 무성했던 곳에도 오리들과 갈매기들 근처에도, 전망대에도……. 두리는 친구를 부르는 듯 계속 소리를 내면서 돌았다. 대답하는 흑두루미는 한 마리도 없었다. 마지막 날 해가 뜨자 두리가 결심을 했다. 두리는 크게 한 번 울고는 날개를 크게 펄럭이면서 먼 하늘로 날아갔다.

내가 이 이야기를 처음 안 것은 서산 천수만에서 기러기를 볼 때였다. 그날 잿빛 털을 가진 어린 고니가 엄마 고니 옆에 붙어 있었던 것이 기억난다. 말똥가리는 전신주에 앉아 경계 태세로 두리번거리고 있었다. 흰꼬리수리 한 마리가 제방에 앉아 있었다. 해가 지자 반달이 떴다. 사방에 기러기 소리가 가득했다. 흑두루미들이 반짝거리는 젖은 논에 서 있었다. 서산에서 기러기 먹이 주기에 헌신하는 김신환 수의사가 한마디 했다.

"순천은 초등학교에 있던 흑두루미 때문에 먹이 주기 규모가 더 크지만 이제 서산에도 많이 와요."

"초등학교에 흑두루미가 있었어요?"

"옛날에. 그런데 흑두루미 정말 이쁘지 않아요? 흑두루미 소리를 잊지 마세요."

내가 서울로 갈 때 김신환 수의사가 다시 한번 차의 유리창을 내리고 크게 소리쳤다.

"정 피디님, 흑두루미 소리를 잊지 마세요."

여행을 마치고 나서도 "초등학교에 있던 흑두루미"라는 말이 계속 마음에 남았다. 나는 구글링을 해봤고 마침내 여수 MBC 특집 다큐멘터리 <흑두루미의 꿈 '두리 날다'>를 보게 되었다(내가 앞에서 적은 이야기의 상당 부분이 다큐멘터리에 담겨 있다). 그런데 이상하게도 자려고 누워도 두리의 울음소리가 계속 귓가에 맴돌았다. 두리에게 신경이 쓰였고 두리의 운명이 궁금했다.

두리의 소식은 더 이상 검색으로는 알 수 없었다. 그러나 어디로 가야 두리의 소식을 들을 수 있을지 알고 있었다. 나는 순천으로 갔다.

순천에 도착하자 멀리서 흑두루미들이 낟알을 먹고 있는 것이 보였다. 옆에는 교회의 장로처럼 차려입은 독수리들이 근엄하게 앉아 있었다. 겨울 들판에는 살아 있는 것들이 너무 많았다. 나는 두리의 야생 훈련을 담당했던 김영대 수의사를 만났다.

"그날 두리가 날아가고 우리가 차로 휴전선 근처까지 따라갔어요."

"더 이상은 따라갈 수 없었겠네요."

나는 꼭 묻고 싶은 것을 물었다.

"두리는 왔어요? 한 번이라도?"

"아뇨."

"위치 추적 장치를 달았을 텐데……"

"네, 신호가 잡히지 않았어요."

"목격자도?"

"사체라도 찾으려고 노력을 많이 했지만 발견되지 않았어요."

"……"

"실망했나요?"

"두리가 건강하게 돌아오길 바랐던 것은 사실이에요."

"저희도 몇 년은 더 순천만에서 두리가 오기를 기다렸어요."

"어쨌든 두리가 날아올랐단 사실엔 변함이 없는 거잖아요."

"그 무렵엔 사회적 분위기가 비전향 장기수들이 풀려나기도 했고, 하루를 살더라도 자유롭게 살고 싶어 하던 그분들의 마음을 이해하는 분위기도 있고 해서, 그런 마음들이 모인 일이었어요."

"네."

"순천만에 다시 오세요. 만나게 해드리고 싶은 분이 있어요."

나는 두리가 날아가기로 결정했다는 것을 자주 생각했다. 그리고 두리가 날아오른 위험하기 짝이 없는 세상에 대해 생각했다. 그러나 두리의 마지막 울음소리는 두리의 선택이고 소망이었다. 두리의 날갯짓과 울음소리에 두리의 삶과 꿈이 담겨 있었다. 나는 다시 순천만을 찾았다. 그리고 김영대 수의사가 만나게 해주고 싶다던 분, 흑두루미 사진으로 이름을 날리는 사진작가이기도 한 서근석 선장을 만났다. 그를 만날 때 댕기머리물떼새 한 마리가 천연덕스럽게 방파제를 걸어 다니고 있었다. 서근석 선장의 배 '그린 호'에는 수달의 똥과 수달이 먹다 남긴 물고기 머리가 바짝 마른 채 있었다.

"내가 어렸을 때 농약을 먹고 몸을 뒤틀면서 죽는 흑두루미를 보기도 했어요. 그때도 흑두루미는 죽어서야 가까이에서 볼 수 있는 귀한 새였어요. 처음에는 그런 귀한 새가 온다는데 자료라도 남기고 싶어서 새를 찍기 시작했어요. 그렇게 순천만의 일부가 되려고 했어요.

사진을 찍다가 새에 점점 푹 빠져서 2015년에는 탱크를 빌려서 러시아 두루미 보호구역까지 갔어요. 거기는 거친 땅이에요. 번식지에서는 두루미들이 모여 있지 않으니 두루미를 발견하기 어려워요. 그런데 며칠 있었더니 놀랍게도 알 두 개를 바로 눈앞에서 발견한 거예요. 크기는 계란보다 큰 정도. 보통은 부모 둘이 교대로 알을 지키는데 그날은 어쩐 일인지 부모가 둘 다 보이지 않았어요. 내가 알을 지켜보는데 알에 금이 가기 시작하는 거예요. 알을 깨고 두루미 새끼가 햇살 속으로 나오려고 해요. 바람도 좋았어요. 저걸 찍어야겠다. 나무 뒤에 카메라를 설치하는데 뭔가 시커먼 게 휙 나타나요. 까마귀였어요. 까마귀가 알을 먹어버린 거예요. 눈 한 번 깜빡할 만큼 찰나의 일이었어요. 나도 모르게 그 순간을 찍었는데 알에 피가 얼핏 비쳐요. 알 두 개가 다 사라졌어요. 두루미는 태어나기도 힘들고 순천만까지 오기도 너무 힘들어요. 확률이 굉장히 낮아요."

나는 이 말을 듣기 전까지는 새 한 마리의 비행이 그렇게 특별한 일이라고는 생각조차 해보지 않고 살았다. 그 뒤에 그는 순천만에 오는 그해의 첫 흑두루미를 가장 먼저 발견하는 사람이 되었다.

"밭에서 일하고 있으면 들려요. 모습은 보이지 않는데 흑두루미 소리가 들려요. 계속 보고 있으면 까-만 점 같은 것들이 선회하면서 내려와요. 보통 네댓 마리가 무리를 지으면서 와요."

나는 다음 날 서 선장과 자칭 두루미 마니아, 사회학자 조돈문 선생("두루미는 성물이에요. 두루미 한 마리가 하늘을 얼마나 아름답게 바꾸는지 보세요!"라고 그는 내게 백 번도 더 말했다)과 함께 일출 때 흑두루미의 비행을 봤다. 내 인생 첫 경험이었다. 해를 배경으로 기러기가 먼저 날고 그다음에 흑두루미들이 날아올랐다. 내가 그렇게 듣고 싶어 하던 흑두루미 소리가 차가운 대기에 가득했다.

새들은 대체 뭐라고 말하는 걸까? 사실 새의 대화를 상상하려고 마음먹으면 상상 못 할 것도 없을 것이다.

"오늘은 저쪽 논으로 가볼래?"

"응, 그런데 서둘러야 해. 그리고 차 조심해!"

"저기 봐! 어라, 인간들도 우리처럼 아침에 심호흡을 하네."

어쨌든 천지 가득 흑두루미 소리를 듣자 행복한 흥분이 온몸을 관통했다. 이 생명들의 날갯짓과 소리를 이해해보고 싶다는 갈망이 몸속에서 파닥거렸다. 하늘은 그냥 하늘이 아니었다. 수많은 생명체가 자신의 길을 찾는 곳이었다. 서 선장이 내게 말했다.

"내가 이런 것을 보니 아무것도 부럽지 않아요."

얼마나 많은 이런 아침이 그의 일생의 일부분이었을까?

"이런 걸 보면 모든 것을 얻은 것 같아요. 그래서 하루라도 안 나올 수가 없어요."

정말 아무것도 부럽지 않을까? 정말 모든 것을 얻은 것 같을까? 그에게 새의 날갯짓 소리는 소유의 기쁨보다 더한 행복을 준다. 그는 자신의 삶에서 중요한 것이 무엇인지 알고 있다. 이런 말을 아무나 할 수 있는 것은 아니다. 몸으로 진짜 기쁨을 누려본 사람만이 할 수 있는 말이다. 시인 예이츠는 "우리가 유일하게 믿을 수 있는 생각은 머리가 아니라 몸 전체로 떠올린 생각이다"라고 했는데 서 선장의 말이 바로 그런 말이다. 서 선장의 핏속에 흑두루미의 피도 함께 흐르고 있는 셈이다. 그는 바로 이런 모습으로 겨울 들판의 아침 풍경을 만들었을 것이다. 그렇게 순천만의 일부가 되었을 것이다.

이해관계가 다른 사람의 말은 분명히 해방감을 준다. 나도 그를 따라 덩달아 원하는 모든 것을 얻은 것 같은 기분이 들었다. 나도 이렇게 겨울 아침을 맞으며 지구에서의 삶을 축복하면서 고요하게 살면 될 것 같았다(밀레의 ‹만종› 아침 버전 같은 내 모습이 떠올랐다). 그러나 발가락은 내 마음과 달랐다. 발가락은 추위 속에 가만히 있으라고 만들어진 것이 아니었다. 나는 너무 추워서 발가락을 계속 꼼지락거렸다. 새가 다 날아가자 서 선장이 차로 돌아가서 믹스 커피를 한잔 타줬다. 그러니까 이것이 내 평생 먹어본 제일 맛있는 믹스 커피 이야기도 되는 셈이다.

이 일은 나의 몸에 흔적을 남겼다. 나는 믹스 커피를 마시면서 발가락을 꼼지락거리게 되었다. 꼼지락거리면서 두리가 날아오를 때 내던 소리를 자주 생각했다. 내가 왜 그렇게 자주 두리를 생각하는지 나도 정확히는 모르겠다. 어쩌면 한 걸음이라도 더 앞으로 나아가야 한다고 생각하면서도 날갯짓은커녕 갇혀 있기라도 한 것처럼 계속 같은 곳에 있어서인지도 모르겠다.

결과적으로 두리의 목소리는 내 마음에 새겨진 첫 번째 야생의 소리가 되었다. 그 목소리는 내가 인간 아닌, 반려동물 아닌, 야생의 '한' 개체의 운명에 마음을 쓰게 한 첫 번째 소리이기도 하다. 나에게 새로 시작되는 세계가 생겼다는 뜻이다.

두리는 내가 조류독감부터 철새들의 서식지가 있는 가덕도, 새만금 신공항까지 마음을 쓰게 만든 은인이다. 두리를 생각하는 시간이 많아질수록 두리가 날아오를 때 나의 일부분도 같이 날아오른 것만 같이 느껴진다. 그 날아오른 일부분이 아직 돌아오지 않고 있는 것만 같다. 어떤 날은 아예 내가 두리가 된다. 피로와 자신 없음에 부들부들 떨면서도 힘을 내야 할 때. 그러나 일단 힘을 내면 잠깐이라도 가슴에서 우러나오는 자유를 만끽하는 순간을 만날 수 있다.

내 상상 속에서 두리는 바짝 마른 채 번식지에 도착했다. 그러나 고되고 힘든 비행을 마친 두리는 보상을 받았다. 잡초 향기 가득한 거친 덤불숲에서 두리는 다정하지만 소심하고 잘 놀라는 여자친구 에그머니를 만났다. 늦은 로맨스가 두리에게 끝내주는 행복을 선사했다.

"저기 봐. 저 반짝이는 빛 보이지?"

"어디? 언덕 너머?"

"저기 바다 말이야. 내가 다 날아온 곳이야."

"에그머니나. 멀다. 그런데 너 진짜 10년 넘게 갇혀 있었어?"

"응. 그래서 내가 자존감이 낮아져버렸잖아."

"에그머니나. 그래도 넌 무너져 내리지 않았잖아."

"응. 나는 해냈어. 몸을 던져봤어. 그다음부터 많은 게 변했지."(두리는 자긍심에 부르르 떨며 목을 길게 늘어뜨렸다.)

"두렵지는 않았어?"

"두려웠지. 매일 아침. 그런데 점점 자유로워졌어. 점점 내 날개를 믿게 되었어."

"비행은 괜찮았어?"

"응. 하지만 굶주렸어. 망할 4대강 땜에 먹을 곳이 없어졌잖아."

"에그머니나. 인간은 자기밖에 모른다니까."

"나는 죽을 뻔했고, 우린 만나지 못할 뻔했어. 하지만 우리가 만났으니 이젠 다 괜찮아. 우리 춤출까?"

두리는 춤을 추면서 에그머니에게 속삭인다. 인생이 끝났다는 생각이 얼마나 끔찍한지에 대해서, 자유를 포기하는 것이 얼마나 쉬운지에 대해서, 친구들로부터 받은 환대가 얼마나 힘이 되는지에 대해서, 자유가 좋다는 것을 알지만 그 자유엔 얼마나 큰 책임이 따르는지에 대해서. 앞날을 모르면서 뭔가를 선택하는 것이 얼마나 어려운지에 대해서. 그러나 강은, 바다는, 밀밭은, 숲은 얼마나 반짝이는지에 대해서.

"순천만 다시 가보고 싶어?"

"당연하지. 내 이야기가 있는 곳이잖아."

"순천만의 제일 아름다운 색이 뭐야?"

"빨간색."

"노을?"

"아니. 칠성초. 1년에 일곱 번 색이 변하는 풀이야. 빨간색으로 물들 때 너에게 보여주고 싶어. 그런 곳은 지구상에 단 한 곳뿐이야."

"어떤 빨간색일지 너무 궁금해."

두리는 에그머니의 목덜미에 얼굴을 파묻으면서 말했다.

"내가 널 사랑할 때 내 속에 생기는 불꽃 같은 색이지. 수많은 빛깔이 있어."

"에그머니나. 순천만 나도 너와 같이 가보고 싶어."

"정말?"

"그래. 너는 네가 사랑하는 것을 계속 볼 운명이니까."

두리는 날 듯이 기뻐하며―아 참, 나는 날 수 있지! 생각하며―야호! 행복하게 날아올랐다.

새로운 목소리

이제 내가 한 번도 새라고 생각해본 적이 없는 새 이야기를 하나 하고 싶다. 칠면조다. 나는 타조와 에뮤는 본 적이 있지만 칠면조는 본 적이 없다. 정확히 말하면 요리가 아닌 칠면조는. 이사 레슈코의 사진집 『사로잡는 얼굴들』(부제는 '마침내 나이 들 자유를 얻은 생추어리 동물들의 초상'이다)은 늙은 농장 동물들의 얼굴을 담은 사진집이다. 늙은 농장 동물들의 얼굴을 궁금해하는 사람은 극히 드물 것이므로 이 책도 '새(로운) 목소리'에 해당한다.

이사 레슈코가 나이 들어가는 동물의 얼굴에 관심을

가진 계기는 부모님의 질환이었다. 그의 아버지는 말기 암이었고 어머니는 알츠하이머로 인한 망상 증세가 심해지는 중이었다. 어머니가 지낼 요양원을 찾는 데 온 힘을 쏟을 무렵, 그는 서른네 살의 늙은 말 피티를 만났다. 그는 피티와 한나절을 보내면서 카타르시스를 느꼈다. 부모가 나이 들어 죽어간다는 사실에서 비롯된 깊은 슬픔에서 비롯된 카타르시스였다.

그는 동물 사진을 찍기 시작했다. 처음에는 나이 들어가는 데 대한 두려움, 자신 또한 고통스러운 방식으로 죽게 되지 않을까 하는 두려움에 단련되기를 바라면서 찍었다. 그러나 사진을 찍으면서 그는 바뀌었다. 죽음 직전에 구조된 동물들의 이야기들을 알게 되면서 동물들의 대변자가 되기를 원하게 되었다. 그의 사진을 보면 동물들에 '대해서' 말하지만 동물들을 '위해서' 말한다는 느낌을 받는다. 나는 무엇에 '대해서' 말하는 동시에 무엇을 '위해서' 말할 수 있는 것이 인간이 가진 가장 좋고 아름다운 능력이라고 생각한다.

암칠면조 애시는 그가 처음 만난 칠면조다. 생추어리에 오기 전 애시의 삶에 대해서는 알 수 있는 것이 거의 없다. 애시의 몸에는 공장식 축산 농장의 흔적이 남아 있었다. 부리 끝이 잘려 있고 가운뎃발가락도 잘려 있었다. 발가락이 잘리지 않았더라면 애시는 멋지게 행진을 했을 것이다. 후드득 비라도 내리면 후다닥 잘도 달렸을 것이다. 그러나 애시의 눈은 감정이 풍부했고 고요한 힘을 가지고 있었다.

그는 생추어리 랜선 입양 프로그램을 통해서 애시가 돌봄을 받도록 후원했다. 입양 증서에 애시는 "수줍고, 다정하고, 사랑스러우며 과일맛 탄산수를 좋아한다"고 적혀 있었다. 말할 필요도 없이 애시를 칠면조 고기로만 보는 사람에게는 알아봤자 아무 쓸데없는 내용이었다. 애시는 이사 레슈코가 후원한 지 약 1년 후 사망했다.

> 애시를 만났을 때부터, 나이 들고 쇠약한 그가 오래 살지는 못할 것임을 알았다. 그럼에도 불구하고 애시의 죽음은 나에게 큰 충격이었다. 그의 사진을 볼 때면 지금도 여전히 눈물이 난다. 그래도 나는 우리가 나누었던 시간, 내가 칠면조를 사랑하게 된 그 시간에 감사한다.[7]

'○○를 사랑하게 된 그 시간에 감사한다.' 이 문장에 내 인생 전체가 담겼으면 좋겠다. 사랑할 줄 안다는 것은 시간과 삶이 준 가장 큰 선물이고 삶의 의미는 자신으로부터 나오지 않고 자신이 사랑하는 것으로부터 나오므로. 그리고 삶은 결국은 내가 무엇을 사랑하는지 말할 줄 알게 되는 하나의 과정이므로.

이사 레슈코의 경우, 전에는 생명이라고 생각도 못해 본 것 하나하나를 고유한 생명으로 바라보게 되면서 사랑의 능력과 힘이 생겨났다. 애시는 새로운 사랑의 이름이고 새로운 사랑은 새로운 연결 고리를 준다. 그는 돼지, 당나귀, 닭, 염소 등 공장식 축산에서 벗어난 동물들의 마지막 얼굴을 찍는 것을 가치 있는 일로 여겼다. 그다음에는 어떤 일이 일어났을까?

물론 이번에도 연결이다. 그의 마음은 농장 동물도 귀중한 생명체로 사랑과 존중을 받아야 한다고 생각하는 사람들과 연결되었고 잔혹한 세상에서 다정함을 찾으려는 사람들과 연결되었다. 이사는 나이 든 농장 동물들과 함께한 경험을 이렇게 말했다.

> 나는 미래의 나에게 닥칠 일에 대해 계속해서 두려워하겠지만 그래도, 이 동물들이 보여준 것과 같은 초연하고 품위 있는 태도로 최후의 쇠락을 마주하고 싶다.[8]

그의 작업은 이렇게 자신의 최후를 맞이하고 싶은 사람들과도 연결될 것이다. 긴 시간이 흐르면 어떤 시간 속에서는 이사 레슈코는 애시가 되고 애시가 이사 레슈코가 될 것이다. 그리고 나 또한 이들이 될 것이다(이미 어느 정도 나는 이사 레슈코다. 우리 부모님의 병을 알게 되었을 때 나도 내 건강과 죽음의 공포에 잠시 사로잡혔다. 그 사실은 비밀이었고 말할 수 없는 부끄러운 일이었는데 이사 레슈코가 말해줘서 고맙다). 이 이야기 안에는 우리가 지금 살고 있는 진짜 삶과 진실이 있다. 이사 레슈코의 '새 목소리'는 우리를 더 나은 곳으로 데려갈 힘이 있다. 이제 내 가슴에는 칠면조를 위한 자리도 있고 공장식 축산 동물들을 위한 자리도 있다.

지난주에 식당에서 충전을 하려고 테이블에 올려놓은 내 휴대폰의 벨이 울렸다. 나는 식당 밖으로 나가 통화를 했다. 그 모습을 옆 테이블 사람이 우연히 봤던 모양이다. 내가 자리에 앉자 그가 나에게 말을 걸었다.

"오래된 휴대폰 쓰시네요! 저도 오래전에 그걸 썼었는데 바꿨어요."

내 휴대폰은 사용한 지 대략 10년은 된 것 같다.

"배터리 괜찮아요? 왜 안 바꾸세요?"

사실 이런 질문을 숱하게 받았다. 나는 대답을 망설이다가 갑자기 두 번 다시 이런 말을 할 기회가 없다는 듯이, 피를 빨아먹을 인체를 발견한 모기처럼 쏜살같이 말하기 시작했다.

"휴대폰이나 노트북에 필수적인 광물 중에 콜탄이라

는 것이 있어요. 콜탄에서는 탄탈룸이 추출되는데 탄탈룸은 전기를 꼭 붙잡고 있는 신기한 능력을 가지고 있어요. 콜탄이 가장 많이 묻혀 있는 나라는 아프리카의 콩고민주공화국인데 IT 산업이 발달하자 콩고민주공화국이 부자가 되는 것은 따 놓은 당상처럼 보였어요. 그런데 그런 일은 일어나지 않았어요. 반대로 아동들이 강제 노역에 시달리게 되었고 고릴라들은 서식지를 잃었어요. 이 사실을 처음 알았을 때 마치 세상이 어떻게 돌아가는지 처음 알게 된 것처럼 많이 놀랐어요. 그 뒤로 몇 번 휴대폰을 바꾸려고 하긴 했는데, 에이 관두자, 다음에 바꾸지 뭐, 그렇게 미루게 되면서 여기까지 왔어요."

나는 이 말을 다다다다 했다(그가 지루해하고 관심을 잃을까 봐). 그리고 그의 눈치를 봤다. 그동안 몇 번은 이런 말을 했지만, 조금 과한 것 같다, 그래봤자 뭐가 바뀌냐, 경제는 누가 살리냐, 취지는 알겠는데 그래도 휴대폰 바꿔, 신제품이 기분을 업그레이드해준다 등등의 말만 들었다. 그때마다 힘이 빠졌다. 그런데 그는 내 대답을 잘 들어줬다. 그러고는 몇 초간 침묵하더니 이렇게 말했다.

"대단하네요."

솔직히 그의 반응에 어안이 벙벙했다. '살다 보니 이런 말을 듣는 날도 있구나!' 어찌나 감개무량하던지 손이라도 덥석 잡을 뻔했다. 어쨌든 이것은 나의 새로운 목소리다. 내가 동물의 서식지가 파괴되는 것을 의식해서 뭔가를 하지 않기로 하고 처음 한 일이었다. 나의 새로운 목소리가 나의 오래된 목소리를 이기길 바란다(나의 오래된 목소리는 세련된 디자인의 편리한 최신 상품을 좋아한다).

스마트폰과 콩고민주공화국의 아이들과 고릴라의 이야기에 내가 놀랐다면 우리가 세상과 연결되는 무수한 방식, 그 여파의 예측 불가함에 놀랐다는 뜻이다. 이 이야기는 '나는 세상에 어떻게 연결되면 좋을까?'라는 심란한 고민을 하게 만들었다. 결과적으로 나의 '새로운 목소리'는 내가 지구의 현실과도, 미래와도 연결되는 하나의 방법으로 선택한 것이다. 이 목소리를 낼 때마다 어쩔 수 없이 고릴라와 아이들과 숲이 생각난다.

나는 몇 번은 좋은 꿈을 꿨었지만 아직 이 세상에 좋은 일이 일어나는 데 영향을 미치지 못해봤다. 이 사실이 슬프기 때문에, 좋은 연결이야말로 기쁨이자 힘, 어둠 속의 희망(나는 다른 입장에서, 다른 관점으로 볼 수 있는 인간의 능력에 희망을 걸고 있다)이라는 것을 알기 때문에, 나는 생명, 자연, 삶의 의미와 가치(삶의 의미와 가치는 우리가 미래 지향적인 존재라는 사실과 연결되어 있다. 미래에 대해 생각하지 않는다면 우리는 아무것도 하지 않을 것이다)에 대해 새롭게 생각해볼 마음이 있는 사람들, 변화의 순간에 최선을 다하는 강하고 고귀한 사람들과 연결되고 싶다. 그 사람들을 존경하면서 그 사람들의 가치를 존중하면서 그 사람들에게 에너지를 받고 살고 싶다.

관계의 발명

세상 만물과 맺는 관계는 수정할 수 있다.
—— 폴 발레리

우리의 임무는 자신을 다른 존재와의 관계 속에서 이해하는 것이다.
—— 보르헤스

2022년 5월, 나는 제주 대정 앞바다 나무 그네에 앉아 있었다. 차분히 앉아 있지는 못했고 왔다 갔다 했다. 발밑에는 보라색 야생화가 지천이었다. 나는 왜 거기에 앉아 있었지?

마법

여러 친구들이 나에게 넷플릭스 다큐멘터리 〈나의 문어 선생님〉을 보라고 권했다. 그 영화는 봉준호 감독이 〈기생충〉으로 아카데미상을 타던 해 아카데미 장편 다큐멘터리상을 수상했다.

"틀림없이 좋아할 것 같아."

세 번째 추천을 받았을 때 마침내 봤다. 〈나의 문어 선생님〉은 전혀 예상하지 못한 내용이었고 나는 빨려 들어가듯이 봤다. 그리고 하늘거리는 바다 숲이 펼쳐놓는 3차원의 아름다움과 그곳에 사는 문어의 사랑스러움에서 헤어나지 못했다.

문어는 우리만큼이나 위기를 모면하며 사느라고 애쓰는, 우리 인간만큼이나 명백히 존재하는 생명체였다. 〈나의 문어 선생님〉은 문어 한 마리를 문어숙회, 문어초무침이 아니라 의미심장하고 특별한 존재로 만들어주었다. 나는 빛과 색을 다루고 몸을 부풀리거나 수축시키거나 하는 문어의 위장술에 흥미를 느꼈고, 지혜로운 문어를 몹시 사랑하게 되어서 다큐가 끝났어도 문어가 다시 살아나길 바라는 지경까지 되었다. 나는 그 다큐의 배경지인 남아프리카공화국 케이프타운에 있지 못해서 가슴 아팠다. 있어야 할 곳에 있어야 되어야 할 것이 된다는 말이 있지 않은가? 그런 면에서 문어 선생님의 제자 크레이그는 내 욕망—바닷가에서 목적 없이 놀았을 뿐인데, 산책 한번 나갔을 뿐인데 자신이 찾던 것 이상을 찾게 되고 삶과 평생 할 일을 찾게 되는 종류의 이야기—과 가장 근접한 삶을 사는 사람이었다.

영화를 추천해준 후배 피디가 내 책상 맞은편에서 물었다.

"선배, 영화 어땠어요?"

"나는 남아공에서 태어났어야 했어."

얼마 뒤에 '나의 문어 선생님과 함께한 야생의 세계'라는 부제를 단 책 『바다의 숲』이 출간되었다. 저자는 두 명이었다. <나의 문어 선생님>의 주인공 크레이그 포스터와 그의 친구 로스 프릴링크. 즉시 읽기 시작했다.

첫 페이지를 펼치고 10분 만에 남아공에 가고 싶은 마음이 싹 사라졌다. 알고 봤더니 그들이 문어와 함께 헤엄치던 바다는 10도 이하의 추운 바다였던 것이다. 그 바다에서 문어를 선생님으로 모시고 배우려면 10도 이하의 저온 적응 능력이 있어야 했다. 크레이그는 그 일을 누구나 할 수 있고 심지어 찬물이 건강에도 아주 좋고 자신은 365일 찬 바다에 들어간 뒤로 감기에도 걸리지 않게 되었다고 주장하면서 정 안 되면 마음속에 불이 활활 타오르는 상상을 해보라고 한다. 그러나 그의 친구 로스의 증언에 따르면 불타는 상상을 아무리 해도 "몸은 전혀 데워지지 않았다". 로스는 크레이그와 함께 다이빙을 즐겼지만 후회할 때도 있었다(내가 왜 나를 저 춥고 무서운 바닷속으로 데려가려는 미치광이를 따라가지?). 나는 로스 편이다. 나는 다이빙을 배우다가 포기한 일이 있다. 부끄럽지만 추워서다. 나는 남아공에 대한 열정을 깨끗이 단념하고 묵묵히 책에 빠져드는 쪽을 택했다.

『바다의 숲』은 시간을 들여서 읽을 가치가 있는 열정과 집념이 가득한 경이롭고 아름다운 책이다. 햇살이 비치는 바닷속에서 벌어지는 일이 마법 같다는 말이 책에 연거푸 나오는데 그 표현보다 더 적절한 말을 찾기 힘들 것 같다.

크레이그는 삶의 어느 단계에서 소진되었다. 가족들의 동의를 얻어 일을 쉬기로 했다. 그 기간 동안 그는 365일 매일 잠수를 하기로 결심했다. 곧 알게 되겠지만 그것은 그에게 엄청난 영향을 미칠 결정이었다. 잠수를 하면서 그는 몸만 바다로 들어간 것이 아니라 정신도 다른 영역으로 들어갔다.

그는 우리를 한 번도 들어보지 못한 세상으로 데리고 간다. 그의 눈은 누구의 눈과도 같지 않다. 그는 보이지 않는 것을 보는 것이 아니라 보이는 것을 본다. 우리가 보고도 보지 못하는 것을 본다. 그는 우리가 하찮게 여기는 작은 동물들에 가치를 부여해 탐구했고 작은 동물이 남긴 흔적만으로도 생명체의 생사고락을 알아볼 수 있게 되었다. 누가 누구를 쫓아다녔는지, 그걸 어떻게 피했는지, 결국 먹혔는지, 작은 생명의 서식지는 어디인지(바다는 경이의 장소이면서 번식하고 서로 먹이가 되는 순환의 장소이기도 하다).

그 일이 가능하게 도운 것이 문어 선생님이다. 문어가 그를 다른 사람과 다르게 만들어주었다. 물속에서 오랫동안 머무는 법도 문어가 알려줬다. 그러자 바다 숲의 동물들과 크레이그 사이에 변화가 생겼다. 동물들은 두려움 없이 그에게 다가왔다. 심지어 동물이 먼저 신체 접촉을 시도하기까지 했다. 문어를 비롯한 몇몇 동물들과는 신뢰 관계가 생겼다. 갑오징어는 그를 신뢰해서 위험을 감수하고 수면 위까지 따라오기도 했다.

스승 겸 친구가 많다 보니 그가 들려줄 수 있는 바다 이야기는 아주 많다. 그 이야기들 속에는 하나같이 신비로움과 아름다움과 낯섦이 가득하다. 이를테면 파자마상어의 눈에는 바닷속 우주가 반사돼 비친다. 파자마상어는 바닷물에서 아라고나이트라는 광물을 흡수해 눈 뒤쪽에 반짝이는 거울을 만든다. 그 덕에 어두운 바다의 숲에서도 달빛을 모아 수월하게 다닌다(이게 무슨 말인지 이해가 되는가? 그러나 파자마상어는 그렇게 한다. 파자마상어는 우리보다 열 배는 더 잘 볼 수 있다).

그는 바다를 예의 바르게 대했다. 바다에 있을 때는 바다의 일부가 되었다. 바다도 그를 예의 바르게 대해줬다. 그에게 받은 것 이상을 줬다. 그가 책에 얼마만큼을 썼든 그는 그 이상을 보았고 알고 있다. 트렌드에 민감한 세상에서 그가 보는 것은 아주 오래된 세상이다.

극도로 자기중심적인 세상에서 그는 예외적인 인물이다. 그는 보여주면서 보이는 사람이 되었다. 그는 특권이라는 말을 멋지게 비틀어 사용한다. 그에게 특권은 이런 것들이다.

— 새끼 상어가 알을 깨고 나오는 바로 그 순간을 보는 특권.
— 조개가 집으로 돌아가는 길을 찾는 방법을 알게 되는 특권.
— 작은 생명이 살아남기 위해 통과해야 할 관문들을 보는 특권.
— 으스스하고 조용하게 움직이는 백상아리의 낌새를 몸으로 알아채는 특권.
— 흑갑오징어가 알을 낳는 장면을 보는 특권(이것은 단 몇 분 만에 이루어지므로 이것을 보는 것은 특권 정도가 아니라 기적!).
— 큰 바람과 큰 너울 뒤에 밀려오는 보라고둥 알들의 여러 가지 색들을 보는 특권.
— 조개낙지가 손안으로 들어와 특수하게 발달한 다리를 자신의 껍데기 위로 뻗는 것을 지켜보는 특권(이것은 상대를 신뢰하며 편안함을 느낄 때 동물이 보이는 신호라고 한다. 만약 나에게 이 일 중에 하나라도 일어난

다면 나는 천사를 믿을 것이고 삶은 무의미하다거나 외롭다는 말도 두 번 다시 하지 않을 것이다).

『바다의 숲』의 미덕은 헤아릴 수 없이 많다. 일단 꿈꾸고 모험하는 것을 완전히 긍정해준다. 찬 바다에 365일 들어가는 것은 크레이그 스스로 만들어낸 즐거움이다. 크레이그는 진정으로 스스로 즐길 수 있는 삶의 방식을 발명해낸 셈이다. 나는 바로 이런 발명—스스로 삶을 즐길 수 있는 방법을 찾는 것—이 '삶은 소중하다'는 말이 뜻하는 바라고 느낀다. 그는 미지의 세계로 들어가기를 원했고 그 결과 닫혀 있는 세계를 열어주는 육지 포유류이자 수륙 양서류 인간이 되었다. 그가 하는 일은 모두 우리가 다르게 살 수 있다는 가능성의 문을 열어주는 것과 같다.

그는 이렇게 살면서 자신에게 힘을 주는 말을 찾아냈다. 그리고 그 힘을 주는 단어 속에 살게 되었다. 용기 있는 사람들이 하는 일이 바로 그것이다. 그들은 힘을 주는 단어를 끝까지 밀고 간다. 크레이그에게는 바로 "바다에 들어가지 않을래?"가 힘과 마법의 말이다. 그 말에 반응한 사람이 로스다. 둘이 함께 잠수할 때마다 마법 같은 일이 벌어졌고 로스는 결국 크레이그가 왜 그렇게 바다에 몰입하는지 몸으로 이해하고 자신도 야생의 황홀경을 경험하게 된다. 모험을 함께 나눈 둘의 우정은 강력했다. 크레이그는 자신의 힘을 찾고 친구를 찾고 길을 찾고 평생 골몰할 관심사를 찾는 삶의 발명이 가능하다는 것을 보여준다.

로스 입장에서 이야기를 보면 어떨까? 로스의 인생에는 어두운 그늘이 있었다. 로스의 아버지는 요트를 탔다. 가족들과 함께하기도 했지만 혼자서 항해를 떠나기도 했다. 어렸을 적 로스는 돛이 부풀어 오를 때 어렴풋이나마 자유의 느낌을 알게 되었다.

 바람 한 점 없는 어느 멋진 일요일, 로스를 평생 따라다닐 일이 터졌다. 그날 어머니는 요트를 타고 돌아올 아버지를 깜짝 놀래주자고 했다. 로스와 누나와 어머니는 아버지의 요트가 도착할 곳에 가서 기다렸고 드디어 요트가 무사히 들어왔다. 그런데 요트에는 흰색 비키니 차림의 여성이 타고 있었다. 그 여성은 가족을 보자 선실로 사라졌다. 누나와 로스는 비키니 여성을 찾으려고 요트를 뒤졌고 아버지는 아이들을 막으려고 최선을 다했다. 로스는 돛을 집어넣는 상자 속에 숨어 있는 여자를 발견했다. 그리고 로스는 자신의 행동에 뿌듯함을 느꼈다. "어른과 벌인 예상치 못한 숨바꼭질 게임에서" 이긴 기분이랄까. 그날 처음 로스는 이혼이란 단어를 들었다. 아버지는 작별 인사도 없이 떠났다. 그리고 로스에게는 생애 최초 8년간 함께 요트를 탔던 사람으로만 기억에 남았다.

로스의 오랜 두려움은 버림받을지 모른다는 것이었다. 세월이 흘러 아이를 낳게 되자 로스는 아버지를 찾아보았다. 아버지는 멀지 않은 곳에 살고 있었다. 비로소 아버지와 아들 둘이서 마음을 열고 이야기를 나눌 수 있게 되었다. 로스는 아버지 또한 버림받을지 모른다는 두려움을 느끼면서 자랐다는 것을 알게 되었고 둘 사이에 화해 비슷한 무드가 만들어졌다. 그러나 둘의 짧았던 화해가 해피 엔딩으로 끝나지는 않는다. 아버지는 또다시 연락을 끊어버렸다. 버림받을지 모른다는 두려움 때문이었다. 역시 가장 큰 두려움은 마음이 만들어낸 두려움이고 대체로 가장 큰 두려움은 자기 자신에게서 나온다. 이것이 로스 아버지에게 벌어진 일이다.

로스와 마지막으로 대화할 때 아버지는 로스를 보지 않았다. 오로지 자신의 내면만을 봤다. 로스는 두 번 버림받은 셈이지만 이제 더 이상 아버지와의 일에서 상처를 받지 않았다. 아버지가 자신의 내면만을 봤던 것과는 달리 로스의 눈은 다른 것을 보고 있었기 때문이다.

그는 이미 수많은 생명이 사는 더 큰 세계와 연결되면서 깨어나는 듯한 느낌을 받았고 전에 없던 생명의 에너지가 몸속 여기저기를 흘러 다니는 경험을 했다. 그것을 로스는 "(마음속) 주먹이 펴지는 느낌"이었다고 표현한다. 아주 멋진 자유와 해방의 표현이다. 크레이그와 물속에서 지내는 동안 로스의 가슴속에는 두려움이 아닌 다른 것들, 이를테면 사랑, 호기심, 꿈, 신뢰, 우정 같은 것들이 더 견고한 형태를 갖추게 되었다. 로스에게 바다는 로스의 내면 깊숙이 얼어붙어 있던 두려움과 사랑을 비추는 거울 같은 것이었다(야생의 자연은 우리가 어떤 존재인지 비추는 거울 같은 것이라고 크레이그는 말한다. 다이빙에 실패한 나는 이 말을 이해할 수 있다. 바다에서 다이빙을 하던 나는 두려움을 느꼈다. 발밑에 아무것도 닿지 않아서다. 바다는 내가 발밑에 아무것도 닿지 않으면, 즉 토대가 없으면 두려움을 느끼는 존재라는 것을 비춰 보여주었다). 두려움은 깨졌고 사랑은 단단해졌다. 이렇게 로스는 자신이 되고 싶은 모습으로 돌아갔다. 로스의 이야기는 두려움이 아니라 사랑과 신뢰 속에서 살아가는 삶을 발명하는 것이 가능함을 보여주는 이야기다.

이 이야기는 크레이그와 로스의 이야기에서 끝나지 않는다. 문어 선생님의 소문을 들은 수많은 사람들이 함께 잠수하며 '바다의 숲' 마법을 경험한다. 그래서 이 이야기는 많은 사람들의 삶에서 야생과 인간의 끊어진 '실'이 다시 연결되는 회복의 이야기이기도 하다. 크레이그는 문어, 오징어, 수달, 상어를 선생님으로 모시면서 야생의 경이와 연결되었고 경이로운 사람들과 연결되었고 그의 표현에 따르면 자신의 "실을 복구"하였다. 스승의 발명이 우정의 발명, 우리의 발명, 연결의 발명이 되었다. 이것이 우리 인류 전체에게 필요한 회복의 발명이다. 세상은 당신이 마법을 바라면 마법을, 회복을 바라면 회복을 줄 것이다! 단, 당신이 진실로 원한다면!

크레이그에게 (자신을 보여주는 것이 아니라) 자신을 만들어간다는 창조적이고 투쟁적인 기쁨을 준, 가장 중요한 단어는 '실'이었다(사방에서 끊어진 실 같은 관계만 보는 지금, 이 단어가 얼마나 소중한지 모른다). '실'은 "바다에 가지 않을래?"처럼 그에게 힘을 주는 단어이자 희망의 단어로 그는 동물의 실, 식물의 실, 인간의 실이 서로 엮여 탄탄한 '밧줄'이 되기를 희망한다. 크레이그 생각에 그렇게 되면 자연도 인간도 회복된다. 이 생각에 걸맞은 장면 하나가 떠오른다.

로스가 아버지와 두 번째로 헤어지고 난 얼마 뒤의 일이다. 로스는 아들 조지프를 학교에 내려주고 난 뒤 개를 산책시키고 바다에 수영을 하러 가곤 했다. 그날 로스가 바다에 막 들어가려고 할 때, 만 한가운데서 커다란 물갈퀴 또는 지느러미 같은 것이 보였다. 로스는 헤엄을 쳐 그곳으로 가 그 동물이 무엇인지 알아보기로 했다. 그러나 그가 다가가기도 전에 거대한 고래 꼬리가 수면 위로 떠올랐다. 그 동물은 남방참고래였던 것이다. 로스는 "고래가 일으킨 너울에 실려 반짝이는 그 검은색 몸 위로" 솟구쳤고 고래와 함께 헤엄을 쳤다. 그 와중에 로스는 사진도 몇 장 찍었고 고래가 다른 데로 가버렸다고 믿고서 사진들을 살펴보기 시작했다. 그러다가 그는 뭔가 거대한 것이 자신을 지켜보고 있다는 기묘한 느낌을 받았다.

> 나는 머뭇거리며 위를 올려다보았다가 거대한 고래가 내 위로 건물처럼 높게 솟아 있는 것을 보고 소스라치게 놀랐다. 머리는 완전히 수면 밖으로 나와 있었고, 따개비로 뒤덮인 얼굴에서 슬로모션으로 떨어지는 물방울 하나하나까지 보였다. 나는 고래가 천천히 도로 물속으로 가라앉아 사라질 때까지 경외감에 사로잡혀 바라보았다.[9]

나는 이 장면을 읽을 때 부러움으로 그야말로 가슴이 찢어질 뻔했다. 따개비로 뒤덮인 거대한 고래 얼굴이 신처럼 로스를 굽어보는 장면이 마치 내가 겪은 일처럼 생생하게 눈앞에 그려졌다. 이것이 바로 두려움에서 벗어난 로스가 본 세상이다. 두려움의 감옥 문을 열고 나와서 본 현실은 그렇게나 크고, 그렇게나 신비롭고, 그렇게나 놀랍도록 다정한 것이었다. 고래와 헤어진 로스는 자신이 그렇게나 원하던 모습이 되었다는 것을 알았다. 바로 아버지였다. 로스는 바닷속에서 이룬 것—사랑과 신뢰—을 바다 바깥에서도 이루었다. 바다가 그가 스스로의 모습을 변신시키는 마법을 부릴 수 있도록 받아들여줬고 도와주었다. 나는 이것이 밧줄로 연결된 세상의 모습일 것이라고 생각한다.

확장

이제 남은 문제는 나의 부러움이다. 이 책을 읽고 얼마 뒤 나는 이렇게 말하고 다니는 나를 발견했다.

"나도 고래 보고 싶어."

나의 고래 타령은 해안가 가까이에서 고래를 볼 가능성이 낮다는 한국적 상황을 고려해서 슬그머니 돌고래 타령으로 바뀌었다.

"나도 돌고래 보고 싶어."

단, 내가 보고 싶었던 돌고래는 수족관에 갇혀 있다가 야생 방류되어서 자유를 얻은 돌고래다. 때마침 드라마 〈이상한 변호사 우영우〉가 크게 인기를 끌고 있었다. 그때 나는 이런 문자를 연거푸 받게 되었다.

"정 피디님, 〈이상한 변호사 우영우〉 보셨어요?"

"아니."

"우영우 변호사 보면 정 피디님 생각나요."

우영우 변호사가 나를 연상시킨 이유는 돌고래 때문이었다. 그도 나처럼 제주 대정 앞바다에 가서 불법으로 포획돼 돌고래 쇼를 하다가 야생 방류된 남방큰돌고래 제돌이, 춘삼이, 삼팔이를 보고 싶어 한다는 것이었다. 나는 제돌이의 야생 방류를 지지하는 시민의 한 사람으로서, 2013년 7월 야생 적응 훈련을 마친 제돌이와 춘삼이가 바다로 돌아갈 때 제주 김녕 앞바다까지 내려갔었다. 그때 "이게 진짜로 일어난 일이야?" 싶었던 축하 분위기와 김녕의 거친 바람이 지금도 기억에 남는다. 내 꿈은 그날 그렇게 바다로 돌아간 돌고래를 10년 만에 만나서 인사를 하는 것이었다.

"우와! 너구나! 정말 너구나! 우와아아! 안녕."

마침내 나에게 꿈을 이룰 기회가 왔다. (앞 이야기에도 등장한 여행 천재) 복진오 피디가 내 꿈을 듣더니 이렇게 말했다.

"대정 앞바다에서 서너 시간만 왔다 갔다 하면 만날 수 있어요."

"배를 타지 않고요?"

"돌고래 관광선이 일으키는 문제도 있으니까 우리는 그냥 앉아서 봐요. 대정에 가면 나무 그네가 있어요. 거기서 기다려봐요."

"나무 그네에 앉아 있으면 돌고래가 온다고요?"

"사람들이 갑자기 차를 멈추고 유심히 바다를 바라보면 그게 돌고래가 지나간다는 뜻이여."

"야생 방류된 돌고래도 올까요?"

"오겠지요. 와요. 그네를 잊지 말고. 그네가 핵심이라니께."

그 성스러운 말을 내가 잊을 리 있겠는가?

2022년 5월이 되자 수중 촬영을 할 줄 아는 복 피디가 천연기념물이자 기후위기로 고사되어가는 제주 바다의 꽃, 연산호를 촬영하러 제주 문섬에 가게 되었다. 그는 나를 대정 앞바다로 데려다주겠다고 했다. 제주에 가기 전부터 긴장되었다. 돌고래를 보는 것과 야생 방류된 바로 그 돌고래를 보는 것은 다른 차원이었다.

내가 바닷가에 앉아 있는 그 시간에 제돌이나 춘삼이가 내 눈앞을 지나갈 확률은 얼마나 될까? 설사 지나간다 해도, 제돌이의 등지느러미에는 '1'이라는 숫자가, 춘삼이의 등지느러미에는 '2'라는 숫자가 있다고 해도, 백 마리가 넘는 남방큰돌고래들 중에서 내가 그 친구들을 알아볼 가능성은 또 얼마나 될까. 아무리 생각해도 제로다.

제주에 도착한 날, 나는 대정 앞바다에서 제주 바다의 돌고래를 촬영 중인 프리랜서 감독 돌핀맨 이정준을 만났다. 대정 앞바다에는 정말 나무 그네가 있었다. 우리는 나무 그네에 앉아서 이야기를 나눴다.

"제돌이는 본 적 있어요? 잘 있어요?"

돌핀맨은 전직 헬스 트레이너로 모든 것을 근육으로 설명한다.

"제돌이는 잘 지내요. 근육이 아주 **빵빵**해요."

'**빵빵**'이란 단어를 말할 때 그는 자신이 제돌이의 개인 헬스 트레이너라도 되는 것처럼 자부심이 넘쳐 보였다.

"근육이 울퉁불퉁 대포 같아요. 생활 근육 있잖아요. 폭풍우 칠 때, 먼바다로 나갈 때, 솟구칠 때, 아! 진짜 멋있어요."

"혹시 제돌이 근육 말고 다른 건 못 보셨어요? 같이 다니는 친구라든가."

"멋져요. 멋있어요."

"근육이?"

"네. 근육이 바다를 **빵- 빵-** 쳐요."

그는 돌고래가 꼬리지느러미로 바다를 빵- 빵- 치는 거센 폭풍우가 치던 날이 그리운 듯 아련하게 눈을 감앉다. 그러더니 근육량 부족으로 마음 아프게 하는 돌고래가 있다는 듯, 슬픈 표정을 지으며 이런 이야기를 꺼냈다.

"오래 살라고 '오래'라는 이름을 붙여준 돌고래가 있어요."

"왜 그 돌고래만 오래 살라는 이름을 가지게 된 거예요?"

사람들이 오래의 사연을 알게 된 것은 2019년 여름경이었다. 오래는 꼬리가 잘린 모습으로 세상에 처음 알려졌다. 돌고래의 추진력은 대부분 꼬리에서 나오는데 과연 꼬리가 없는 돌고래가 야생에서 살아남을 수 있을까? 특히 숨을 쉬러 수면으로 올라올 때 꼬리의 역할이 중요한 것을 고려하면 꼬리 없는 돌고래가 살아남긴 어려워 보였다. 그러나 오래는 살아남았다. 2019년에도, 2020년에도, 2021년에도, 2022년에도. 위아래로 움직일 수가 없어 좌우로 몸을 흔드는 유영법을 써야 했지만, 다른 남방큰돌고래처럼 빠르게 움직이지는 못 해도 무리와 어울릴 수 있었다.

돌핀맨이 인생을 걸고 꼭 풀고 싶은 질문은 '장애를 가진 돌고래는 야생에서 어떻게 살아남을까?'다. 그는 내게 아주 조심스러운 목소리로 말했다.

"혹시 다른 돌고래가 먹이를 양보하기도 하고 기다려 주기도 하고 도움을 주기도 할까요?"

돌핀맨이 보고 싶은 세상의 모습이 분명히 그 질문 안에 있을 것이다. 분명한 것은 오래는 살아남아서 장애 돌고래의 영법에 꽤 익숙해졌지만 낚싯줄에 걸린 다른 많은 돌고래들은 그러지 못했다는 것이다.

"'시월이'라는 돌고래도 있어요. 시월에 발견되어서 이름이 시월이예요. 시월이 일은 내가 본 게 아니고 장수진 연구원이······."

시월이 이야기는 제주에서 돌고래를 관찰 중인 행동생태학자 장수진 연구원이 『마린 걸스』라는 책을 냈으니 그 책에 실린 장수진 연구원의 목소리를 참조, 인용해보겠다.

2014년 10월, 장수진 연구원은 돌고래 사체가 바다에 부유하고 있다는 해경의 연락을 받고 급히 발견 지점으로 찾아갔다. 돌고래 두 마리가 있었다. 한 마리는 조금 불규칙하게 유영하고 있었다. 문제는 나머지 한 마리였다.

다른 한 마리는 브리칭하듯 연속해서 뛰어오르고 있었다. 잠시 후, 우리는 사진을 찍어 확대해 보고서야 뛰어오르는 개체가 어딘지 이상하다는 것을 알아챘다. 뛰어오르면서 자연스럽게 생기는 몸통의 휘어짐이 없었다. 얼굴 부분의 색도 이상했다. 왜 혓바닥이 부어 있는 것 같은지, 왜 입이 다물어지지 않고 벌어진 채였는지 곧 깨달았다. 뛰어오르는 것처럼 보였던 돌고래는 죽어 있었다. 불규칙하게 사체 주변에서 움직이던 돌고래는 끊임없이 돌고래의 사체를 밀어 올리거나 밀어내고 있었다. 후에 우리가 10월에 만났다고 해서 '시월이'라는 이름을 붙여준 남방큰돌고래다. 시월이는 죽은 돌고래가 너무 얕은 곳으로 흘러가지 않도록, 다가오는 선박에서 최대한 멀리 떨어지도록 쉼 없이 시체를 밀어내는 동작을 하고 있었다. 그 밀어내는 힘에 떠밀려 죽은 돌고래가 브리칭하듯 수면 위로 튕겨 오른 것이다.[10]

장 연구원 일행이 두 돌고래를 지켜보는 사흘 동안 풍랑주의보가 예보된 바다는 점점 파도가 거칠어지고 있었다. 그 사흘 동안 시월이는 먹이를 사냥하는 행동은 전혀 보이지 않았고 오로지 죽은 새끼만 지키고 있었다. 결국 풍랑주의보가 발효되기 하루 전, 장 연구원은 해경과 함께 모터보트를 타고 가 돌고래 사체를 회수할 수밖에 없었다. 죽은 돌고래를 끌어오기 위해 고무보트 옆에 사체를 묶어 매달았다.

배가 항구를 향해 출발하자 죽은 돌고래를 지키던 시월이가 선박에 바짝 따라붙었다. 모터보트가 내는 소음 때문에 배 안의 사람들은 말을 나누기 힘들 정도였는데도 뒤따르는 시월이의 높은 휘슬음은 끊임없이 들려왔다. 모터보트 속도가 조금 느려지기라도 하면 돌고래는 보트의 몸체를 들이받았다. 죽은 돌고래를 보트에서 떼어내려는 것 같았다. 놀이 행위의 일환으로 선수파 타기를 하는 돌고래를 제외하면 그렇게 선박에 붙어 따라오는 돌고래를 본 적이 없었다. 수면 위에서도 들릴 만큼 큰 휘슬 소리를 끊임없이 내는 돌고래도 본 적이 없었다. 돌고래가 비명을 지르며 따라오는 것 같았다.[11]

이것이 시월이 이야기다. 돌핀맨과 내가 시월이 이야기를 나눈 것은 감자꽃, 메밀꽃이 피던 봄이었다. 눈앞의 바다는 봄 햇살을 담고 반짝거리고 있었다. 봄의 시월이는 어떤 모습일지 보면 좋겠다는 생각이 들었다. 때마침 아가를 안은 엄마들이 아가에게 돌고래를 보여주려고 바다를 보고 서 있었다. 엄마들의 치맛자락이 봄바람에 날렸다.

"저기 돌고래다. 보이지?"

나는 돌고래가 지나가는 바다 한 귀퉁이에서 숭어 한 마리가 공중으로 연거푸 일곱 번 날아오르는 것까지 세다가 그네에서 벌떡 일어섰다.

"저 쌍안경 좀 빌려주세요."

나는 돌핀맨의 쌍안경을 눈에 대고 바다를 봤다. 그리고 쌍안경을 눈에 대자마자 비명을 지르고 말았다.

내가 본 것을 어떻게 설명해야 할까? 어려서 본 <피터팬>의 한 장면이 생각난다. 해적 후크 선장은 쌍안경을 들고 상대편 배를 관찰한다. 때마침 상대방도 쌍안경을 들고 후크 선장을 관찰하는 중이다. 후크 선장의 렌즈 안에는 딱 그 모습만 클로즈업되어서 들어온다. 후크 선장도 상대방도 깜짝 놀란다. 나에게 그런 일이 일어났다.

내가 쌍안경을 들고 바다를 바라본 순간, 작은 돌고래 무리가 지나가는 듯했고, 그다음엔? 렌즈 한가득 '2'라는 숫자'만' 들어왔다. 렌즈 안에 '2', 즉 춘삼이의 등지느러미만 있었던 것이다. 이것을 믿어도 될까? 어떻게 이런 일이 일어날 수 있지? 쌍안경을 들어서 렌즈 배율을 맞추려고 바다의 아무 지점이나 보기 시작했는데 거기에 때마침 춘삼이 무리가 지나가고, 무리 중에서도 다름 아닌 춘삼이가 바로 그때 바로 거기서 수면 위로 떠올랐다? 게다가 나는 춘삼이의 다른 부위가 아니라 하필이면 등지느러미가 떠오르는 그 위치에 쌍안경을 고정시키고 있었다? 이렇게 모든 것이 맞아떨어져도 될까? 쉼 없이 이동 중인 생명체와 이렇게 만나다니. 정말 말도 안 되는 어마어마한 사건이 벌어진 것이다. 이런 상황을 만들려고 우주가 애를 써도 너무 애를 쓴 것 같았다. 이런 일은 내가 3백 년을 살아도 두 번 다시 일어나지 못할 것이다. 전지전능한 신이 있다면 숫자 '2'의 모습을 하고 있음이 틀림없다. 나는 멍했다가 갑자기 극도로 행복해졌다가 다시 멍해졌다 웃었다가 고개를 설레설레 흔들다가 다시 웃었다가 기도를 올리듯이 손을 모았다가 혼잣말을 했다(영락없이 실성한 사람처럼 보였을 것이다).

춘삼이는 아기와 함께 있었다. 돌핀맨이 넋이 나간 나를 보고 웃으면서 말했다.

"춘삼이랑 춘삼이 아기 옆에 같이 있던 게 시월이에요. 시월이도 그 사건 뒤에 건강한 아기를 낳았어요."

"우와! 나 진짜 행운아야!"

액면 그대로 백 퍼센트 진실인 말이 입에서 튀어나왔다. 나는 숫자 '2'의 형상을 가진 신의 선택을 받은 사람이다. 평범한 하루가 광채로 뒤덮였다. 호흡을 진정시키고 돌아보니 '정신 나간 포스'로 혼자 분주한 나와는 달리 복 피디와 돌핀맨이 '무심할 정도로 안정된 포스'로 한가롭게 바다를 바라보고 있었다.

"저번에 드론을 저기, 저기 보이죠? 저 바다에 빠트

렸는데……."

"아. 그거 비쌀 텐데……."

나무 그네에 앉아 다리를 흔들면서 그런 대화를 나누는 둘을 바라보는 나의 눈가가 촉촉해졌다. 그들에게 그리고 세상 모든 것에 사랑을 나눠주고 싶은 욕망이 샘솟았다. 나의 세계가 무한히 확장되었다. 돌핀맨의 삶, 복 피디의 삶, 연산호를 걱정해서 복 피디에게 제주로 와달라고 연락한 사람들의 삶, 춘삼이의 삶, 춘삼이를 야생 방류하려고 애쓴 사람들의 삶, 춘삼이를 품고 있는 바닷속 다른 생명들의 삶, 이들 생명과 질적으로 다른 관계를 맺은 크레이그와 로스의 삶, 나에게 <나의 문어 선생님>을 보라고 권한 친구와 후배의 삶, 또 뭐가 있지? 나를 무사히 제주공항에 데려다준 기장과 승무원 일동의 삶? 『바다의 숲』을 펴낸 출판사 편집자들의 삶? 내가 모르는 모든 삶. 아! 쌍안경을 발명한 사람의 삶도. 그리고 우리 세월호 아이들의 삶도(내가 복 피디를 알게 된 것은 세월호 때문이었다). 모든 것이 모여서 이 한순간이 되었다. 그 숱한 이야기와 시간들이 돌고래 무리를 입 벌리고 바라보는 생명에 무지한 멍청이(나)를 둘러싼 봄의 대기 속에서 하나가 되었다. 쓸쓸함 너머, 덧없음 너머, 세상은 빛나고 있었다. 나는 보고 싶은 것을 봤다. 이것으로 충분했다. 내 마음속에 무의미가 도사리고 있다 해도 세상 모든 것이 의미가 있다. 모두에게 감사드린다(이렇게 쓰고 보니 마치 내가 아카데미상을 수상해서 감사 인사를 드리는 것 같다).

기쁨

'춘삼이-아기-시월이' 무리는 나를 확 붙잡았다가 약간의 물거품만 남기고 사라졌지만 그 짧았던 시간이 내게는 영원하다. 찰나와 영원이 대정 앞바다에서 만났다. 그 짧았던 순간 나의 이야기에 기적이 실처럼 엮였다. 나는 행복 중 최고의 행복, 기다리던 바로 그 일이 일어나는 것을 봤다는 믿을 수 없는 행복을 맛보았다.

삶의 의미는 삶을 가치 있게 사는 데 있고, 우리는 이것을 자아실현이라고 부른다. 나는 이렇게 자아를 실현하면서 삶을 살아내는 것을 삶의 발명이라고 부른다. 바닷가에서 돌고래를 기다리는 것이 나에게는 나다운 것이고 행복이고 자아실현이다. 도저히 있을 법하지 않은 기쁜 일을 기다리는 것이 나다운 것이고 나의 자아실현이다. 도저히 있을 법하지 않은 기쁜 일이 일어나도록 최선을 다하는 것, 이 또한 나의 자아실현이다.

나는 2번 돌고래 이야기를 주위 사람들에게 꽤 자주 들려줬다. "우와! 진짜?" 모두 신기해하면서 우리는 자연스럽게 돌고래의 삶, 수족관과 동물원 동물들의 삶, 야생에 대한 이야기를 나눈다. 이런 대화가 참 좋다. "왜 다른 돌고래가 아닌 야생으로 방류된 돌고래가 보고 싶었어?"라고 묻는 후배도 있었다. 말할 것도 없이, 방류된 돌고래가 나에게는 '연결'에 대한 상상력을 자극하기 때문이다. 죽음과 상실과 헤어짐이 슬픈 것은 연결되었던 것의 분리 때문이다. 사랑과 우정, 희생 모두 연결에 대한 욕구나 다름없다. 우리의 찢어지고 갈라지고 부서진 마음을 다시 붙여놓을 수 있는 그 무언가가 있다면 그것은 돌고래를 바다에 돌려보내는 마음과 다르지 않을 것이다. 돌고래에게 바다를, 새에게 하늘을, 갓난아기에게 따뜻한 품을, 눈물 흘리는 아이에게 손수건을. 존엄성을 잃은 생명에게 다시 존엄성을, 사랑을 잃은 사람에게 사랑을, 자부심을 잃은 사람에게 자부심을.

이 일 뒤로 나는 주위 사람들에게 내가 힘이 없으면 옆에서 "2번 돌고래!"라고 귀에 대고 말해달라고, 바쁘면 그냥 "2번"이라고만 말해도 좋다고 부탁했다. 정말로 제아무리 힘이 없어도 옆에서 "2번 돌고래!"라고 외치면 나는 즉각 환해진다. "2번!"이라고만 해도 얼굴에 미소가 흐른다. 대체 2번 돌고래가 뭐길래?

만약 어떤 평범한 하루가 유난히 빛이 나는 하루로 기억에 남는다면 어떤 한순간이 진실했기 때문이다. 그날 나는 생명 그 자체, 춘삼이가 살아서 다시 돌고래의 삶을 누리고 있다는 사실(있어야 할 곳에 있어야 되어야 할 것이 된다!) 그 자체에 감동했고 그 감동은 진실했다. 자아실현을 하는 데 힘을 쓰려면 그냥은 어렵고 창조적으로 힘을 쓰게 도와줄 뭔가가 필요하다. 토대와 기준이 될 단어와 문장도 없이, 같이할 사람도 없이 힘을 낼 수는 없다(다시 말하지만 토대가 없다는 것은 나의 두려움이다. 힘을 쓰려고 해도 쓸 기준이 없거나 낮다는 것도).

2번 돌고래는 나에게 기쁨을 상기시킨다. 그 단어를 들으면 나는 언제나 그날의 진실한 기쁨, 깨끗한 기쁨, 티 없는 기쁨, 생명이 약동하는 기쁨을 느낀다. 나 아닌 생명의 에너지를 받는다. 그리고 이런 진실한 기쁨을 삶의 중요한 기준으로 삼고 싶다는 생각이 든다. 인간은 수없이 많은 방식으로 기쁠 수 있고, 이 말은 수없이 많은 방식으로 힘을 낼 수 있다는 뜻이고, 나는 기쁨을 맞볼 준비가 되어 있다. 즉, 기쁨을 위해 살자고 생각하게 된다. "오늘 뭐 하세요?", "놀라고 기뻐합니다."

내가 2번 돌고래를 본 것은 확률상 기적 같은 일이지만 확률로 치자면 우리의 탄생도 설명이 썩 잘 되지 않는다. 일단 출발은 이렇다. 우리 부모가 만날 확률은?

여러분의 부모가 만날 확률(2만분의 1)과 두 사람이 여러분을 임신하기 위해 함께 있을 확률(2천분의 1)을 곱하면 여러분이 태어날 확률은 기본적으로 4천만분의 1에서 시작한다. 그러나 이것은 생물학적 확률을 아직 고려하기 전이다. 여러분의 어머니가 평생 10만 개의 난자를, 아버지가 4조 개의 정자를 생산한다고 하면, 여러분이 여기 있을 확률은 대략 40경분의 1이다.

그러나 우리는 여러분의 부모보다 더 이전까지 거슬러 올라가야 한다. 유전적으로 여러분은 15만 세대 이전에 시작된 혈통이 지금까지 끊어지지 않고 이어진 결과이기 때문이다.[12]

아, 이렇게만 설명하면 감이 잘 오지 않는다. 그래서 우리가 태어날 확률이 대체 얼마라는 말인가? "여러분이 존재할 확률은 '2백만 명이 모여 각자 면이 1조 개인 주사위를 던져 모두가 똑같은 면이 나올 확률'과 똑같다." 우리가 이렇게 태어난 존재라고? 우리가 태어난 것은 우연인가, 필연인가? 원했든 원하지 않았든 우리는 엄청난 선물을 받았다. 바로 '삶!' 이걸 가지고 뭘 해야 할지도 모르겠는 번잡스러운 선물, '삶!' 그런데 이 문장 뒤에 받고 싶지 않은 선물 꼬리표가 따라붙는다.

현실이란 거대한 계획 아래, 여러분은 지구에 도착했다. 대재앙이 목전에 닥친 적시, 적소에 말이다. 사실 너무도 완벽하다. 할리우드도 이보다 나은 플롯은 생각해내지 못할 것이다. 그리고 여러분, 이 이야기의 주인공은 이보다 더 장대하고 세심하고 놀라운 이야기는 결코 만나지 못할 것이다.[13]

이 시대에 '생각하는 동물'로 존재한다는 것은 어마어마한 이야깃거리임에 틀림없다. 이제 결정적으로 중요한 질문은 하나뿐이다. 딱 지금 이 시기에는 어떤 이야기가 필요할까?

경이로움의 발명

> 더 이상 여행하기를 원치 않아. 이제 나는 나의 눈을 찾고 싶어. 나 자신을 찾고 싶어.
> —— 사뮈엘 베케트

> 사람들이 만약 같은 장소를 지겨워한다면 같은 존재는 어째서 지겨워하지 않는가.
> —— 페르난두 페소아

한때는 "여름휴가, 어디로 갈까?"가 최고로 중요한 인생 계획이었다. 여행은 분명히 여행이 아니었으면 불가능했을 방식으로 나를 나만의 미적 감수성과 취향과 기억을 가진 인간으로 만들어줬다. 나는 구도시의 좁은 골목길에 울리는 발자국 소리, 쌀로 만든 아이스크림의 맛, 뜨거운 날의 레모네이드 맛, 코코넛 열매의 하얀 맛, 뜨거운 야외 온천에서 맞던 눈의 맛, 에로스를 자극하는 열대의 진한 꽃향기, 열대지방 스콜의 푹 농익은 풀 냄새, 공원에서 거의 벌거벗고 일광욕을 즐기던 사람들, 카페의 야외 테이블에서 에스프레소 잔을 놓고 신문을 읽던 멋진 여인들, 새벽 종소리, 비 내리는 날의 아잔 소리, 바다코끼리들의 불협화음, 황금빛 가로등이 켜지면 꿈같은 분위기를 내던 거리들, 호수에 드리운 금색 탑의 그림자, 재즈 바에서 피아노 선율과 유리잔 부딪히는 소리에 섞여 들려오는 다른 곳에 대한 동경을 불러일으키던 외국어 소리를 세세히 기억하고 이것들은 나의 일부가 되었다. 나는 노출이 심한 옷을 입은 여인들과 꿀 같은 피부색의 혼혈을 아름답다고 여기고, 개를 산책시키는 사람들을, 도시공원 속 반딧불이를, 바닷가 소나무 숲을, 딱따구리가 사는 숲을 아름답다고 여긴다. 여행 이야기를 할 때 나의 가장 달콤하고 부드러운 목소리들이 나왔다("내가 뭘 봤는지 이야기해줄게!").

여행은 여전히 나를 설레게 하는 단어, 그 내용을 더 채우고 싶은 단어지만 기후위기 때문에 마음이 복잡해졌다. 비행기가 엄청난 이산화탄소를 배출한다는 것을 알고 난 뒤부터 비행기 탑승이 마음을 무겁게 하는 일이 돼버렸다. 똑같은 면세점으로 도배된, 이름만 다르지 사실상 똑같아진 공항에 가는 것이 더 이상 즐겁지 않아졌다. 어느 대도시를 가든 똑같은 명품 숍만 보는 것도 여행의 즐거움을 앗아 갔다. 똑같은 것만 본다면 굳이 여행을 갈 필요가 뭐가 있겠는가. 여행은 이제 예전만큼 단순한 기쁨을 주지 않는다. 그러나 나 자신이 어디로 가고 있는지는 늘 알고 싶다. 내 눈이 무엇을 보고 싶어 하는지도 늘 알고 싶다.

  누군가 내게 "가본 곳 중 어디가 제일 좋았어요?"라고 묻는다면 나는 늘 그리스라고 대답한다. 왜 그럴까? 여행도 어쩔 수 없이 자아와 관련되어 있으니 내 자아에 영향을 미친 뭔가가 그 안에 있었을 것이다. 몇 군데가 있지만 그중 그리스 펠로폰네소스 반도 모넴바시아와 마니에 관한 이야기를 해보고 싶다.

모넴바시아

'모넴바시아'로 검색을 하면 그 장소에 대해서 알 수 있는 것이 많지 않다. 찾을 수 있는 정보는 대략 이런 것들이다. 지진으로 본토와 분리되었다. 해발 백 미터 높이의 거대한 화강암 바윗덩어리 위의 도시다. 섬 꼭대기에는 비잔틴 양식의 교회와 중세의 요새가 있다. 우리보다 먼저 모레아를 여행하고 그 땅의 '영혼', 오직 '영혼!'을 살려놓으려고 분투한 니코스 카잔차키스의 『모레아 기행』에서 모넴바시아 편을 읽어보면 모넴바시아를 아는 데 도움이 될지도 모르겠다. 믿을 만한 안내자인 니코스 카잔차키스의 말에 따라 모넴바시아를 조금 더 파악해보면 이렇다.

— 어떤 사람들이 여기 살았을까? 바람, 바다, 외로움, 가난이 망치가 되어 영혼을 사정없이 두들겨 패는 것을 견딘 사람들.

— 이곳에 없는 것? "나는 너를 사랑해"라고 속삭일 정원. "여기는 비옥한 땅이야. 이곳을 잃으면 안 되니까 고개를 숙이고 폭군과 화해하자!"라고 말할 경작지.

— 있는 것? 무자비한 바다.

— 할 수 있는 일? 어부, 무역상, 해적.

— 비잔틴 제국과의 관계? 비잔틴 황제들은 이렇게 판단했다. "걔들은 그냥 놔둬"(그들은 오직 독립, 독립만을 원했다).

니코스 카잔차키스는 모넴바시아 여행기를 이런 문장으로 마무리한다.

폐허에서 여행자는 희망 없는 투쟁에 기꺼이 뛰어드는 영혼을 본다. 아무런 보상을 기대하지 않고 치열한 투쟁 그 자체에서 즐거움을 느끼는 영혼을 보는 것이다. 그 영혼은 승부를 떠나서 마치 게임을 하듯 그 투쟁에 몰두하기 때문에 즐거움을 느낀다. 그리하여 내 영혼은 이렇게 맹세한다. 다시는 내 마음에 인생의 환락, 도취, 근심으로 부담 주지 않으리라. 나는 허공에 튀어 오르는 불꽃같은

상태로 내 영혼을 보존하리라.[14]

니코스의 충실한 독자였던 나는 이 문장이 낯익어도 너무 낯익다는 것을 금방 알 수 있다. 그는 일생에 걸쳐 아무런 대가도 보상도 바라지 않고(대가나 보상 때문에 하지 않게 되는 일이 너무 많으므로) 용감하게 삶 속으로 돌진하기를 원하고 또 원했다. '튀어 오르다', '솟구쳐 오르다'는 그가 특히 좋아하는 표현으로 그는 어디 가서 뭘 봐도(꼭, 모넴바시아가 아니어도) 허공에 튀어 오르는 불꽃이 되고 싶어 했지 납작 엎드리고 싶어 하지는 않았다(여행자는 풍경을 보는 것 같지만 실은 자신의 영혼의 상태를 본다고 한 것은 프루스트였던가?).

오늘날 모넴바시아를 걷는 사람들은 예전에는 당나귀가 짐을 실어 날랐을, 포석 깔린 중세풍의 미로 같은 좁은 오르막길을 오르면서 고양이 장식품이나 도자기를 파는 예쁜 가게들을 구경하는 재미를 느낄 가능성이 높다. 그러다가 지치면 돌계단, 돌난간에 몸을 기대고 하염없이 바다를 바라볼 가능성이 높다(수세기 전부터 바다를 바라보는 사람들의 포즈는 거의 변함이 없다. 그 뒷모습에는 방해할 수 없는 아우라가 있다). 하얀 테이블보가 깔린 탁자에 빨간 꽃과 시원한 물이 놓여 있는,

바다가 바라보이는 카페에서 한낮의 열기를 피할 가능성도 아주 높다. 그 돌계단을 따라 아기아 소피아 성당으로 올라갈 가능성은 완전히 높지는 않다. 잠은 성채 안이 아니라 성채 밖에서 잘 가능성이 높다. 그러나 나는 아니었다. 나는 성채 안에서 잤다. 잠시 후에 보겠지만 여기서 어떤 일인가 벌어진다.

내가 모넴바시아에 간 날 성에서 결혼식이 열렸다. 사방에 꽃향기가 감돌았다. 한 송이에 여러 색깔의 꽃이 피는 란타나꽃이었다. 신부의 머리 장식도 란타나꽃이었다. 나는 나사로라는 이름의 호텔을 예약해뒀었다. 선풍기 앞에서도 굵은 땀방울을 뚝뚝 흘리는 커다란 몸집의 호텔 주인이 내게 말했다.

"결혼식 하객 때문에 방이 다 차버렸어요. 혹시 스위트룸이라도 괜찮다면…… 같은 가격에……."

나는 그가 마음을 바꿀까 봐 재빨리 "노 프라블럼!"이라고 속삭였다. 스위트룸은 별채로 본관에서 좀 떨어져 보다 높은 곳에 있었다. 방의 묵직한 열쇠를 받아 든 내가 그날 한 일은 하루 종일 걷다가 모넴바시아의 우람한 바위가 보이는 식당에서 웨이터랑 시시껄렁한 농담을 주고받은 것뿐이었다. 웨이터의 이름은 기억이 나지 않지만 베니젤로스라고 해두자(내가 아는 그리스 이름은 온통 신이고 평범한 인간으로는 베니젤로스(총리),

오나시스(선박왕), 미키스 테오도라키스(작곡가), 니코스 카잔차키스(작가)뿐이니까).

"그리스에 대해서 어떻게 생각하세요?"

"아직은 잘 모르지만 정말 아름다워요."

내가 이렇게 말하자 베니젤로스는 격하게 나를 위로했다.

"모르다니요, 당신은 정말 많이 알아요."

"듣고 보니 그런 것도 같네요."

"그럼 모넴바시아에 대해선 어떻게 생각하세요?"

"오늘 도착해서."

"혹시 더 알고 싶으세요?"

"그럼요."

"오늘 저녁에 시간 있어요?"

가만히 보니 베니젤로스는 사람을 유혹하는 영어만 할 줄 아는 것 같았다. 잠시 후 그는 접시를 나르다가 나에게 달려와 깊은 한숨을 쉬면서 말했다.

"오늘처럼 인생을 후회해본 적이 없어요."

"왜요?"

"정확히 말하면 오늘처럼 결혼을 후회해본 적이 없어요."

그는 나를 왜 이제야 만났는지 신들이 원망스럽다고 했다. 내가 이런 대화를 나눈 것은 기원전 5세기가 아니다. 무려 21세기다. 21세기의 하늘 아래 이런 대화를 나누고 있자니 꼭 "당신은 죽지 않을 것이오!"라는 말을 듣는 것처럼 비현실적인 기분이 들었다. 솔직히 이렇게까지 시대착오적이어도 되는지 그가 염려되기까지 했다(그는 노인이다. 적어도 50년은 매일 밤 이 말들을 마르고 닳도록 했을 것이다). 나는 베니젤로스에게 '당신의 마음을 이해하지만 그래도 우리는 안 돼요!'라는 의미를 담은, 존중과 거절과 그 밖에 여러 가지 말로는 표현할 수 없는 복잡한 마음을 담은 신비로운 눈빛을 보내느라 애를 썼다.

"우리는 겨우 10분 전에 만났어요."

베니젤로스가 접시를 들고 뛰어다니는 식당은 손님이 적당히 많았다. 활짝 열린 창문으로 바닷바람이 감미롭게 밀려왔고 형형색색 꼬마전구의 오색찬란한 불빛을 받은 사람들의 얼굴은 바닷가 님프들의 잔치에 놀러 온 것처럼 빛났다. 그리고 저 멀리에는 무뚝뚝하기 짝이 없는 거대한 바위가 인간들의 한때—웃고 이야기하고, 먹고 마시고, 가끔 손을 잡고, 음악에 귀 기울이고, 서로의 눈을 들여다보고, 밤하늘을 올려다보고, 밤바다가 일렁이는 것을 보고, 파도 소리를 듣는 것—를 지켜보고 있었다. 이런 것을 가리켜 우리는 '살아 있는 한때'라고 부른다. 우리가 사랑하는 순간, 기억하고 싶은 순간이고 모넴바시아는 사랑할 만한 곳이었다.

나는 베니젤로스가 권해준 스파르타산 포도주를 마지막 한 방울까지 다 마셨다. 그러고는 식당 문 앞까지 따라 나온 베니젤로스에게 모든 것을 약속하는 듯하지만 사실상 아무것도 약속하지 않는 신비로운 눈빛을 다시 한번 짓고 그가 남몰래 내 테이블에 올려놓은 짭조름한 검은 올리브를 씹으면서 모넴바시아로 통하는 단 하나의 길을 따라 고지대의 호텔로 갔다. 밤공기에도 란타나꽃 향기가 섞여 있었다. 일렁이는 파도 소리가 애수를 자극했다. 마음속에 무엇을 향하는지 알 수 없는 야릇한 그리움이 밀려왔다.

묵직한 열쇠를 돌려서 방문을 열고 불을 켠 나는 "어머나!" 놀랐다. 방이 어마어마하게 컸다. 그보다 놀라운 것은 창문 밖 풍경이었다. 창문 밖이 새까맸다. 밤이어서 그런 것이 아니었다. 창문 밖은 바위, 오로지 바위뿐이었다. 나는 독립을 간절히 원하던 강한 사람들이 매일 바라보던 모넴바시아의 전설적인 바위 바로 밑에서 잠을 자게 된 것이다. 여기서 숨을 크게 쉬면 저절로 강해질 것 같았다(이 방에서 수태된 아이들은 뭐가 달라도 다를 것이란 생각마저 들었다). 이런 방에서라면 뭔가 중대한 결심이라도 해야 하지 않을까? 바위의 메시지라도 들어야 하는 것 아닐까(니코스 카잔차키스는 들었다. 앞에서 내가 인용한 문장이 니코스 카잔차키스가 바위에게서 들은 말이다)? 나 역시 바위의 정기를 받은, 바위의 피조물로 거듭나야 하지 않을까 머리를 굴려봤지만 별생각이 나지 않았다. 그러다가 깜빡 잠이 들었다. 그러나 오래 자진 못했다. 나는 이상한 기척에 눈을 떴다. 희미한 뭔가가 내 눈 바로 앞에 있었다.

"니코스?"

니코스가 아니었다. 눈앞에 있는 것은 한 마리 나방이었다. 아주 작고 빛나는 황금빛 나방. 너무 예뻤다. 나방은 이쁜 데서 그치지 않고 내게 가까이 날아오기까지 했다.

"밖에 나가고 싶어?"

어느덧 새벽 두 시경이었다.

"내가 이 시간에 너 때문에 밖에 나간다."

나는 나방을 손바닥에 올려놓고 살짝 주먹을 쥔 채 두툼한 나무 문을 열고 나갔다. 나방만 날려 보내고 얼른 들어올 생각으로 신발 한 짝은 신지도 않고 깡충깡충 한 발로 뛰면서 나갔다.

나방을 놔주려고 밤하늘로 손을 뻗는데 그만…… 그만…… "아!" 나도 모르게 탄식을 흘리고 말았다. 셀 수 없이 많은 별이 바로 코앞에 있었다. 별은 가까워도 너무 가까웠다. 손을 뻗으면 닿을 듯 가까웠다. 내 평생 그렇게 별과 가까이 있은 적이 없었다. 베니젤로스가 한 말이 얼핏 떠올랐다.

"인구가 거의 없어요. 그 사람들도 대부분 섬 밖에 나가 자요."

공식적으로 당시 모넴바시아의 주민은 80명. 결혼식 하객을 포함해서 섬에 몇 명이 있는지 모르겠지만 모두가 불을 끄고 잠든 밤에 별들은 대잔치를 벌이고 있었던 것이다. 내 주먹보다는 크고 얼굴보다는 작은 별들을 보고 침도 못 삼키고 얼어붙어 있기를 얼마나 했을까? 그때부터 마법의 시간이 시작되었다. 정신을 조금 차리고 처음에는 눈동자만, 나중에는 고개를 돌려보았다. 위를 봐도 옆을 봐도 아래를 봐도 모두 다 별이었다. 어떤 꿈에서도 상상해본 적 없는 꿈같은 우주가 눈앞에 적나라하게 펼쳐져 있었다. 그렇게 크고 선명하고 고요하고 가까운 밤하늘은 처음이었다. 꼭 별이 나를 하늘로 끌어당긴 것처럼 내가 땅이 아니라 땅과 하늘의 중간계에 붕 떠 있는 것 같았다. 느닷없이 찾아온 경이로운 순간이었다. 나는 길 잃은 나방 한 마리와 함께 한쪽 발은 맨발인 채로 별에 에워싸여 있었다. 저 멀리 내가 저녁을 먹던 식당들도 불빛 하나씩만을 켜둔 채 어둠에 잠겨 있었다. 그 외로운 불빛 아래 잠든 사람들 머리 위에도 커다란 별들이 빛나고 있었다.

바위도 거대했고 바다도 거대했고 하늘도 거대했다. 지상의 거대한 공간들은 별들이 가득한 영원으로 통하고 있었다. 우리 자아 너머의 세계다. 그러나 어쩌면 우리 인간의 마음도 별 하나를 품을 만큼, 우주를 품을 만큼 거대할지 모른다. 너무 애틋했다. 너무 경이로웠다. 숭고했다. 서로 오염시키고 상처 입히고 온갖 일을 엉망진창 벌이면서도 어찌어찌 각자 인간의 꼴을 갖춰가는 세속적인 삶과 천상의 삶이 이곳에서는 아주 멋지게 만나고 있었다. 바로 이런 별밤 때문에 인간들은 죽은 사람들이 별이 되었을 거라고 상상했을 것이다. 우리는 이렇게 크고 가득하고 눈부신 모습으로 서로를 기억할 것이다.

방에 어떻게 돌아왔는지 기억이 나질 않는다. 꿈결처럼 은하수를 타고 흘러들어 온 것 같다. 내가 방에 들어오기 전 나방은 별이 가득한 밤하늘을 향해 작은 별처럼 날아갔다. 나는 쉽게 잠들지 못했다. 하늘을 한번 올려다보는 것만으로도 행복과 기쁨을 느끼기에 충분한데 도대체 뭘 그렇게 많이 원하고 괴로워했단 말인가. 모든 밤마다 별은 반짝이는데. 별이 가득한 우주가 뭔지 정체를 알 수 없지만, 별은 신비로운 에너지를 흘리면서, 무한을 상상하게 하면서 그냥 거기, 그 모습으로 있는 것만으로 좋은 것이다. 분명한 것은 그 밤하늘처럼 큰 세계가 내 마음을 잡아끌었다는 점이었다. 나는 이렇게 놀라고 감탄해야만 가벼워진다. 감탄이 나의 힘이다.

  영원한 행복은 없지만 영원한 기쁨은 있다. 그날의 밤하늘은 나에게 스며들었고 내가 사는 동안 내내 나와 함께할 풍경이 되었다. 언제 어디서나 밤하늘을 올려다보는 것은 나의 습관이고 취미고 쾌락이다. 늦은 밤 퇴근할 때마다 하늘을 올려다보지 않은 적이 없고 그때마다 모넴바시아 밤하늘의 기억이 저 마음속 깊은 곳에서 함께 펄럭인다. 내 마음의 일부분은 언제나 그곳에 있다. 내 몸의 일부분은 한쪽 발은 들고, 황금빛 나방을 든 한쪽 팔은 하늘을 향해 뻗은 자세로 영원히 굳어 있다. 그날 밤의 하늘은 이 세계에 다가가는 나의 방식에 영향을 미쳤다. 나는 내 삶에 경이로움을 섞어놓고 싶어졌다. 경이로움은 내 안에 없던 빛이 내게로 흘러들어오는 것이니 이제 나는 나 혼자 힘으로 살 수 있다는 생각은 꿈에도 하지 않는다.

  인간은 절대로 자기 홀로 창조적이지 않다. 자율성에는 한계가 있고 세상에 나와는 다른 생각, 나와는 완전히 다른 사람이 존재한다는 것은 행운이다. 사방 어디를 봐도 보이는 것이 나뿐이었다면 나는 지금쯤 '나-나-나-나'로 이어지는 가시철조망에 찔려 죽었을 것이다. 나를 변하게 하는 것은 고백도 아니고 내면의 응시도 아닌, 다른 사람, 다른 생명, 다른 이야기다. 내가 자꾸만 어디론가 가고 싶어 한다면 그것은 그날 밤의 경이로움과 같은, 세상에 숨겨진 경이로움과 마주치는 그 우연을 기대해서다. 우리는 시간과 우연의 자식들에 불과하지만, 그러나 시간과 우연을 초월해서 살아남는 경이로운 것들, 우리 인류가 존재하는 한 불멸일 것들, 우리를 끝까지 기쁘게 인간이게 하는 것들이 있다. 그것들도 별처럼 나를 끌어당긴다.

미스트라

1449년 1월 콘스탄티누스 팔라이올로구스가 그리스 펠로폰네소스 반도 미스트라 성채에서 황제가 되었다. 그가 비잔티움의 마지막 황제 콘스탄티누스 11세였다. 그는 미스트라에서 배를 타고 출발해 콘스탄티노플까지 갔다. 그 당시 비잔티움의 적은 오스만튀르크 제국이었다.

오스만튀르크 제국에도 변화가 있었다. 열아홉 살의 호전적인 왕자 메흐메드 2세가 왕위를 계승한 것이다. 1453년이 되자 매일 전쟁 생각을 하던 젊은 술탄은 새로운 무기를 선보였다. 바빌론의 성벽도 뚫을 수 있다는 초강력 대포였다. 이 대포는 당대의 가장 무시무시한 신무기라는 평가를 받았다. 대포를 콘스탄티노플로 옮길 때 건장한 황소 예순 마리가 앞에서 끌고 2백 명의 사람이 뒤에서 밀었다.

4월이 되자 메흐메드 2세는 세상에서 가장 부유하고 아름다운 도시이자 인간의 소유욕과 정복욕을 자극하는 소문의 진원지였던, 그러나 실상은 옛날의 빛을 잃어가고 있던 콘스탄티노플 성벽 앞에 진을 쳤다. 술탄의 대포와 알록달록한 천막과 깃발과 군대와 동물들을 성안에서도 빤히 다 볼 수 있었다. 성안은 임박한 파국으로 뒤숭숭한 분위기가 물씬 풍겼다.

콘스탄티노플의 운명은 지원군의 도착에 달려 있었다. 1453년 5월 3일 항구에 정박해 있던 베네치아 소함대에서 작은 쌍돛 범선 하나가 빠져나갔다. 지원군이 어디쯤 오는지 알아보려고 항해에 나선 그들은 20일 동안 에게해를 샅샅이 뒤졌다. 그들은 베네치아 지원군을 찾았지만 그들이 본 것은 오스만튀르크 함대들뿐이었다. 선원 중 누군가는 콘스탄티노플은 오스만튀르크에게 함락될 테니 이제 자신들은 베네치아로 가서 목숨을 구하자고 했다. 선장은 반대했다.

"우리의 임무는 황제에게 사실을 알리는 것이다."

그들은 자신들이 살아서 집에 돌아가지 못할 것을 알

면서도 황제에게 돌아갔다. 황제는 돌아온 그들을 치하하려 했지만 목이 메어 말이 잘 나오지 않았다.

5월 22일 대단한 월식이 있었다. 며칠 뒤에는 성 소피아 성당에서 붉은빛이 올라오더니 성당 돔 지붕까지 뒤덮었다가 사라졌다. 메흐메드 2세도 성 밖에서 붉은빛을 지켜보았다. 대신들은 콘스탄티누스 11세에게 일단 수도를 내주고 모레아(그리스 남쪽 반도 펠로폰네소스의 옛 이름)에 망명정부를 세우기를 탄원했지만 황제는 거절했다.

5월 28일이 되자 콘스탄티노플 시민들은 너무나 낯이 익은, 자신의 정체성과 기억을 말할 때 결코 빼놓을 수 없는 황금빛 둥근 지붕이 있는 성 소피아 성당에서 집단 기도를 올렸다. 그때 황제는 이런 말을 했다고 전해진다.

"인간이 목숨을 걸 만한 명분은 네 가지다. 신앙, 가족, 조국, 주권. 인간은 누구라도 이것을 위해 싸우고 죽을 각오를 해야 한다. 물론 나도 기꺼이 목숨을 바칠 것이다. 나는 수도를 지키기 위해서 조상들 못지않은 용기를 보일 것이다."

그리고 황제는 이탈리아 지휘관들에게 말했다.

"함께 위험에 처해준 그대들에게 사랑과 신뢰를 보낸다."

그다음에는 근위대의 지휘관들에게 말했다.

"마음 상하게 한 일이 있다면 용서해달라."

시간이 흘러 불빛이 꺼지고 몇 개의 촛불만 남자 황제는 홀로 남아 조금 더 기도를 했다. 그리고 가족들에게 작별 인사를 하고 망루의 방비 상태를 돌아보았다. 그러나 그 시간은 길지 않았다.

메흐메드 2세는 새벽 1시 반에 공격을 감행했다. 최초의 전투부터 다섯 시간가량 경과한 후 성벽이 뚫렸고 황제는 패배를 절감했다. 황제는 황제임을 알리는 기장들을 벗어 던지고 치열하게 전투가 벌어지는 현장 속으로 뛰어들었다. 그 뒤로 황제를 본 사람은 없었다. 그때 하늘에는 그믐달이 걸려 있었고 더듬더듬 아침이 오고 있었다.

지금 내가 들려준 이야기는 존 줄리어스 노리치의 『비잔티움 연대기』의 일부를 요약한 것이다.[15] 하지만 책에 나오지 않은 다른 상상도 얼마든지 가능하다.

그때도 지금처럼 콘스탄티노플 사람들 사이에는 세상 최후의 날에 대한 온갖 이야기가 난무했을 것이다. "우리에게 남은 시간은 얼마인가?" 같은 괴로운 질문이 일상으로 스며들었을 테고, "우리를 지켜주는 것은 신인가? 수호성인인가? 황제인가? 성벽인가? 공동체인가? 우리 자신뿐인가?" 이런 질문이 사람들 마음속에 불안하게 똬리를 틀었을 것이다. 부자들은 일찌감치 배를 구해 임박한 파국을 피했을 것이고 가난한 사람들은 그냥 그 자리에서 하던 일을 계속하려고 했을 것이고 사랑과 품위가 뭔지 아는 사람들은 어떻게든 서로를 돌보려고 했을 것이다.

공격을 하던 오스만튀르크 쪽 사람들의 입장도 상상이 가능하다. 전리품으로 차지하게 될 황금 보물과 여자들에 대한 욕망으로 흔들리지 않는 전투욕을 불태운 이들이 있었을 테고, 하늘을 나는 둥근 대포알의 가공할 위력과 생명들의 사그라드는 빛에 전율하며 세상 모든 부가 눈앞에 있어도 오로지 고향으로 돌아가 자신이 살던 삶을 그대로 이어가기만을 바란 이들도 있었을 것이다.

이 이야기를 이렇게 길게 한 이유는 내가 황제가 콘스탄티노플을 향해 출발했던 미스트라 성채에 긴 시간 앉아 있던 날이 있었기 때문이다. 그곳에 앉아서 팔라이올로구스 가문의 운명에 대해서, 임박한 세상 최후의 날 자신이 알고 살던 세계가 무너질 일을 코앞에 둔 사람들에 대해서 상상의 날개를 펼쳐봤기 때문이다.

그날 성채는 이야기의 무게에 걸맞지 않게 한산하고 평화롭기만 했다. 성채 앞 카페에서는 맛있는 커피 향이 올라오고 카페 주인이 내게 커피 점을 쳐보라고 권

할 때 저 멀리 산 위에는 한가롭게 독수리가 날고 있었다(커피 점은 커피를 먹고 난 뒤 커피잔을 팍 뒤집어서 찌꺼기가 그린 심오한 무늬를 읽는 것이다). 인적 드문 거리에는 뼈를 녹일 듯 뜨거운 햇살 아래서 익은 수박의 다디단 향이 나고 사람의 근육과 감각을 풀어주는 나른함이 감돌았다.

만약 황제에게 이름이 알려지지 않은 친척이나 후손들이 있었고 그들이 황제의 패배로 신변의 위험을 느꼈다면 어디로 피했을까? 그들은 가능하면 팔라이올로구스 가문이 여전히 통치하고 있는 미스트라로 오려고 하지 않았을까? 하지만 그들이 미스트라에 어찌어찌 도착했어도 계속 미스트라에 있는 것은 너무 위험한 일이라고 생각하지 않았을까? 튀르크인들은 분명히 미스트라로 그들을 추격해 왔을 것이다. 게다가 황제의 형제인 미스트라의 두 공동 통치자는 환멸스럽게도 권력을 두고 아득바득 싸우는 중이었다. 권력 다툼이 지긋지긋해서 권력의 어느 편에도 서고 싶지 않고 전쟁이 싫은 사람들이 있었다면 그들은 또 어딘가로 가야만 했을 것이다. 어디가 좋을까? 숨을 곳이 많고 험악해서 아무도 그곳에 갈 마음을 쉽게 먹지 못하는 곳이어야 했을 것이다. 그 조건에 딱 맞는 후보지가 마침 미스트라에서 멀지 않은 곳에 있었다. 바로 펠로폰네소스 반도의 끝, 풀

한 포기 없는 헐벗은 험악한 바위 지옥이 쭉 이어지는 냉혹하고 강철 같은 난공불락의 타이게토스 산맥이 버티고 있는 '마니'다.

마니

『그리스의 끝, 마니』의 저자인 여행 작가 패트릭 리 퍼머는 마니를 다양하게 묘사한다. 생명 없는 기이한 땅, 용들의 땅, 바위 절벽이 모든 출구를 막아버린 것 같은 땅, 한낮의 맹렬한 열기가 몸서리치게 만드는 땅, 바람이 불어야 염소마저 한낮의 최면에서 풀려나는 땅, 호메로스 시절에는 하데스(지옥)의 입구로 여겨졌던 땅, 아르테미스 여신이 사는 땅, 님프가 시골 무도회에 참가한 순진한 나그네를 꼬여내 벼랑으로 데려간 다음 발을 걸어 바다로 빠트려버린다고 알려진 땅. "스파르타의 경계에 위치한 타이게토스 산맥에 가로막힌 지리적 고립과 험준하고 건조한 산악 지형이 마니의 모든 것을 이해하는 열쇠다." 어떤가? 마니라면 시시각각 자신들을 쫓는 추적자들을 따돌리려는 사람들이 마지막 목적지로 삼을 만한 곳 같지 않은가? 그런데 나와 같은 질문을 던진 사람이 나 하나만은 아니었다. 패트릭 리 퍼머도 마니 사람들에게 이런 질문을 퍼부어댔을 가능성이 높다. "혹시 팔라이올로구스 가문 사람 없나요?"

그가 읽은 자료에 따르면 나의 가설은 가슴 벅차게도 옳은 것으로 보인다. 팔라이올로구스 황족 후손 중 한 일파는 아들 셋을 두었는데 셋 중 한 무리가 미스트라를 탈출한 다음 타이게토스 산맥의 협곡을 통해 튀르크인들을 피해서 선사시대의 혈거인들처럼 암석 동굴에 숨어 살았다, 그들은 몇 년 뒤 튀르크인들이 떠난 다음 굴에서 나왔는데 그때 성(姓)은 버리고 별명만 남겨두었다, 그래서 그들이 팔라이올로구스라는 이름으로 불리지는 않는다, 등등의 이야기.

내가 하고 싶은 말은 마니에는 이런 탈출과 피신의 이야기가 넘쳐흐른다는 점이다. 마니는 스파르타의 유민들이 흘러들어 간 곳이고 그 뒤로도 피난민, 은둔자, 몽상가, 자유인, 게릴라, 저항군, 비타협적인 사람들, 아웃사이더, 도망자, 아나키스트 등 이런저런 이름을 가진 사람들이 숨어들어 온 곳이다. 모두 "그다음에 그들은 어찌 되었어요?" 뒷이야기가 궁금해지는 정체성들이다. 이들은 거의 모두가 무명씨들이다. 그리고 무명씨들은 유명씨들보다 언제나 나의 마음을 끈다.

그들은 떠나온 곳을 그리워하며 조용히 살지는 않았던 것으로 보인다. 먹을 것이 적어서 해적이나 산적이 되었고 흥건한 피의 복수를 즐겨 했고 걸핏하면 총을 들고 싸웠고 사악한 도적떼 놈들이라는 평판을 얻게 되었다. 패트릭 리 퍼머가 읽은 마니의 18세기 외과 의사 자료에 따르면 언월도, 야타간, 단검으로 인한 부상을 치료한 횟수가 놀랄 만큼 많았다. 야타간이라는 단어를 몰라서 찾아봤다. 오스만튀르크 술탄의 살벌한 최강 무기라고 한다. 사진을 봤더니 야타간을 든 사람을 만난다면 눈을 내리깔고 숨도 안 쉬고 지나가야겠다는 결심을 하게 됐다.

자유인으로 살다가 고요히 사라지고 싶은 욕망은 나를 꽤 두껍게 둘러싸고 있는 세계다. 나는 내가 그런 에너지를 발산한다는 것을 알고 있다. 그 에너지가 나를 지금의 나로 만들었다는 것 또한 알고 있다. 나의 자아 깊은 곳의 에너지가 나를 마니로 가게 만들었다. 나는 은둔자, 몽상가, 이상주의자, 게릴라, 난민, 잔존 세력들이 걸었던 그 길로 마니에 갔다.

타이게토스 산맥을 넘으면 구불구불한 언덕들이 나타나고 이어서 그리스에서 흔히 볼 수 있는 지붕이 둥근 성당들이 나타난다. 그다음에 눈에 들어오는 것이 있는데 그것이 바로 마니를 그리스의 다른 어떤 마을과도 다르게 보이게 만든다. 바로 탑들이다. 마니의 탑은 설명하자면 그냥 탑이다. 직사각형 돌탑. 아무런 장식도 없고 특별할 것도 없는 그냥 탑. 탑의 모습을 설명하느니 패트릭 리 퍼머가 들려준 탑을 두고 펼쳐지는 이야기들을 전해주는 것이 나을 것이다. 탑과 관련된 이야기는 이런 것이다.

마을의 가문들끼리 분쟁이라도 생기면 낮에는 아무도 탑 밖으로 나올 수 없다. 밤에는 부주의하게 열린 창문이나 탑의 틈새가 있으면 적들은 그 틈으로 총을 넣어서 잠자는 사람을 쏴서 죽인다. 마니인들이 가장 즐겨 쓰는 책략은 선발대가 몰래 침투해서 나무와 건초를 탑 아래에 쌓아 기름을 적신 다음 불을 놓아 상대편을 태워 죽이거나 불을 피해 달아나는 상대를 총을 쏘거나 야타간으로 베어버리는 것이다. 운이 좋으면 화약고에 불을 붙여 탑 전체와 상대편 전원을 박살내버릴 수도 있다. 마니인들에게 최고의 선물은 탑 안에 숨은 적들을 쓸어버리는 대포로 이는 하늘이 내린 선물로 간주된다. 이제 이 탑들이 어떤 것인지 짐작이 가지 않는가?

물론 마니 땅에도 한 줄기 쉼 같은 순간이 있다. 쟁기질하고 씨 뿌리고 추수하고 탈곡할 때나 겨울이 되어서 올리브를 수확할 때. 이럴 때는 죽일 듯이 싸우던 경쟁 가문의 사람들이 들판에 나란히 서서 낫질을 하거나 올리브를 따고 탑에 돌아가서 잔다. 농사를 함께 짓는 사람 중에 팔이나 얼굴을 싸맨 사람이나 다리를 절뚝거리는 사람이 분명히 있었을 것이다. 그렇게 곡물 자루와 올리브 항아리를 가득 채우면 그들은 다시 죽일 듯이 싸운다.

나는 마침내 그 탑들을 보았다. 어땠냐고? 탑들은, 음...... 탑들은....... 나는 탑들을 보면서 패트릭 리 퍼머가 들려준 이야기 속 과거의 마니를 상상하려고 온 힘을 끌어모았다. 전혀 되지 않았다. 탑들은 이제 버려지고 마을은 폐허가 되다시피 했다. 다만 몇 개의 탑은 근사한 호텔이 되었다. 나처럼 세상 끝의 풍경을 보러 찾아오는 사람들이 있기 때문이다. 마니가 폐허가 되다시피 한 것은 이교도들의 침략이나 전염병 때문이 아니었다. 젊은이들이 모두 아테네나 다른 큰 도시로 떠나 버렸기 때문이다. 은둔자들의 자손의 자손의 자손들이라고 해서 은둔을 원할 이유는 없다.

나는 버려진 탑들 안에 들어가보았다. 얼마 전까지 사람이 살았음을 알리는 흔적들과 쓰레기만이 나를 맞이했다. 아이들의 장난감 총, 짝짝이 신발들, 빗자루, 부서진 의자, 곰팡이 핀 옷가지, 먼지, 거미줄....... 나는 한창때의 마니 사람들이 총을 쏘았음 직한 작은 창문으로 바다를 바라보았다. 바다는 여전히 눈부시게 빛나고 있었다. 적들은 한 명도 보이지 않았다. 그래도 마니의 창으로 바다를 바라보니 어쩐지 내가 바다를 지켜야 할 것 같은 사명감이 생겼다. 아무리 봐도 베네치아 함선이든 튀르크 함선이든 아무것도 보이지 않았다. 적이 있다면 그 순간에는 단 한 사람, 나 자신이었을 것이다.

인간이 떠난 탑들의 도시에 한낮의 열기와 허브 향이 가득했다. 로즈마리, 세이지, 바질, 그리고 내가 모르는 허브의 향들. 그 향들은 너무나 노골적이어서 아찔할 정도였다. 그 야생의 생명력 가득한 공기 속을 제비들이 원기 왕성하게 날고 있었다. 그 외에는 개 짖는 소리 하나 없이 정적만이 땅의 주인인 것처럼 거리를 채우고 있었다. 나는 인간이 떠난 세계의 모습을 미리 본 듯한 느낌을 받았다. '정말 아무도 없구나. 총을 쏠 사람도, 적으로 삼을 사람도, 올리브를 같이 딸 사람도, 기도해줄 사람도 없네'라고 생각할 때, 그때 갑자기 무슨 일인가 벌어졌다. 진한 허브 향을 뚫고 공기가 흔들릴 만큼 큰 목소리가 들린 것이다. 나는 화들짝 놀랐다. 나이든 할머니의 목소리였다. 그의 모습은 보이지 않았다. 그때 마침 바람 한 줄기가 쏴아 불었다. 신성한 빛도 한 줄기 길게 선을 그리며 하늘에서 내려온 것 같았다. 신앙심 깊은 옛사람들은 바로 이럴 때 계시를 들었다고 생각하고 납작 엎드릴지 모르겠다. 그 시절이었다면 나도 사람들이 내 옷자락이라도 한번 만져보고 싶어 하는, 신의 목소리를 들은 성 헬레나나 성 마리아가 됐을지 모른다. 나는 자칭 여행의 신 헤르메스, 나의 마니 안내자 그리스어 선생님에게 방금 들은 말이 무슨 뜻인지 물었다.

"앙겔리히는 좋은 애야."

보이지 않는 할머니는 그 말을 세 번 연거푸 큰 소리로 말했다. 나머지는 타이게토스 산맥이 알아서 했다. 그 말이 메아리처럼 폐허에 울려 퍼졌다.

"앙겔리히는 좋은 애야."

"앙겔리히는 좋은 애야."

거대한 산까지 몸을 흔들면서 그렇게 말하니 앙겔리히는 정말 좋은 사람 같았다. 인간의 목소리 하나가 갑자기 폐허를 살아 움직이게 만들었다. 카랑카랑하고 장난기와 웃음기 가득한 늙은 목소리가 톡 쏘는 허브처럼 힘이 있었다. 왠지 보이지는 않지만 할머니가 어딘가에 있다는 것이 좋았다. 보이지 않는 적들로부터 쏟아지는 총알 세례를 받은 것보다는 비교할 수도 없이 좋았다.

"우리는 앙겔리히를 만나러 가야겠네요."

"할머니를 먼저 만나야죠."

우리는 보이지 않는 할머니 수색대가 되었다. 미스터리는 우리가 보이지 않는 할머니를 찾지 못했다는 것이다. 할머니는 더 이상 말을 하지 않았고 폐허는 다시 정적 속에 잠겼다. 다시 바람이 한 줄기 불면 폐허 한가운데에 보이지 않는 할머니가 웅크리고 앉아서 우리를 기다리고 있는 것을 볼 수 있었을 텐데 말이다. 내 생각엔 할머니가 몸집만큼 커다란 야타간을 들고 있을 것 같다. 검은색 긴치마 옆에는 허브 폭탄이 한 보따리 있고. 앙겔리히처럼 좋은 사람들이 살아 있도록 지켜주기 위해. 우리의 여성 노인들은 늘 그렇게 해왔다. 땅과 자손과 씨앗들을 지키기 위해서라면.

그날 주홍빛 노을은 아름다웠다. 제비들은 전속력으로 내달리며 하늘을 즐기고 있었다. 내 눈에 보이지 않지만 살아 있는 것들의 숨결이 사방에 가득했다. 나는 처마 밑에 제비집이 있는 카페에서 마니의 전통 음식인 염장한 돼지고기와 올리브와 포도주를 대접받았다. 카페 주인은 내게 망원경으로 산맥 위를 움직이는 검은 점을 보여줬다. 자세히 보니 이동 중인 검은 야생 소 세 마리였다. 소들은 아주 빠른 속도로 바위산을 타고 있었다. 멀리서 봐도 윤기 반지르르한 검은색과 떡 벌어진 근육이 정말 멋졌다. 바로 이런 소들이 술탄에게 징발되어 대포알을 나르다가 한때 하늘과 들판을 담았던 눈알이 튀어나오고 빛을 잃고 죽어서야 멍에를 벗고 결국엔 도축되었을 것이다. 신화는 옳았다. 황소는 제우스가 변신한 것이 맞다. 변신 이야기가 한바탕 시작되면 인간은 야생 소와 독수리가 될 것이다. 그때가 되면 우리는 두려움 없이 바위산을, 대기를 질주할 것이다.

레이먼드 카버의 시 「캅카스」에 이런 구절이 있다. "페테르부르크 사람들은, 캅카스에서는 노을이 전부라고 말했다. 하지만 그건 사실이 아니다; 노을로는 부족하다. 페테르부르크 사람들은, 캅카스는 전설이 만들어지는 곳이고, 날마다 영웅들이 태어나는 곳이라고 말했다."[16] 내가 이 시를 읽은 것은 마니를 다녀오고 7년 뒤였다. 처음 이 시를 읽을 때 나는 마니를 떠올렸다. 그 뒤로는 언제나 이 시와 함께 마니를 떠올린다.

마니의 노을은 아름다웠지만 노을로는 부족했다. 폐허에 바람이 불면 보이지 않는 할머니가 지팡이에 의지해 "끙!" 어렵게 무릎을 펴고, "끙!" 소리를 신호 삼아 할머니 뒤를 따라서 뭐라고 불리든 보이지 않던 사람들, 목소리가 들리지 않던 사람들, 현실의 어디에도 속하지 못하지만 마음 깊은 곳에서는 소속감을 느낄 어떤 이야기를 기다리던 사람들이 "이놈들! 좋은 사람이 뭔지 제대로 맛을 보여주겠다!" 소리를 지르고 뛰쳐나와 토대부터 무너지는 폐허(폐허인지도 모르고 우리가 사는 사회)가 된 세상에, 우리를 비인간적으로 만드는 모든 것에, 피도, 눈물도, 사랑도 모르는 사람들에게 저항을 선

포하면 좋겠다. 우리는 이 폐허에서 무엇을 위해 살고 사랑하고 싸워야 했지? 무엇을 위해 희생하고 헌신해야 했지? 대답을 찾는 사람들이 날마다 태어나고 제 몫을 해내다가 어느 아름다운 날의 노을처럼 장엄하게 지면 좋겠다. 황제의 이야기가 죽음 너머 기억되는 것은 그의 책임감과 희생과 헌신 때문이다. 사랑 안에서 희생하고 헌신하는 것이 없다면 시간과 우연 너머 살아남는 것은 없다. 사실 그것을 빼면 우리 인생에 무슨 좋은 이야기가 남아 있겠는가. 우리는 우연의 산물이지만, 책임감과 희생과 헌신의 경이로운 이야기들의 연속된 흐름 속에 있을 수 있다.

하늘의 별도 황제의 최후도 경이롭지만 이제 내가 더 알고 귀 기울이고 싶은 것은 땅에 속한 보통 사람들의 용기와 헌신이다. 나희덕 시인의 시 「샌드위치」에서 시인은 2022년 10월 15일 토요일, 서울역 파리크라상에서 샌드위치를 사서 맛있게 먹었다. 샌드위치를 먹고 난 뒤에야 그날 새벽 한 노동자가 샌드위치 소스를 젓다가 소스 교반기로 빨려 들어가 숨졌다는 것을 알았다(내가 알아본 바에 따르면 그녀의 차가운 몸에는 몸을 숙이고 소스를 젓는 마지막 동작의 흔적이 남아 있었다). 그리고 사망 현장에서 만든 샌드위치 4만여 개가 모두 유통되었다는 사실도 알게 되었다. "내가 먹은 샌드위치도 그중 하나였을까?'" 동료들은 바로 다음 날 사고 교반기를 하얀 천으로 덮고 작업을 재개했다.* 그리고 올해 또 오십 대 여성 노동자 한 명이 사망했다. 시인은 이렇게 말한다. "이젠 샌드위치를 먹지 못할 것 같다." 우리는 이 "먹지 못할 것 같다"는 말에 담긴 연민 어린 슬픔, 분노, 인간적 감정을 모르지 않는다. 이런 마음을 무엇이라고 불러야 할까?

노벨상 수상 작가 올가 토카르추크의 『다정한 서술자』를 읽다가 내가 찾아 헤매던 문장을 발견했다. 올가는 우리와 그 이전 세대는 세상을 향해 늘 "네, 네, 네"라고 말해야 한다고 훈련받았고, 이것저것 다 시도해볼 것이고, 여기도 가보고 저기도 가볼 것이며, 모든 걸 경험할 것이라고 스스로에게도 남에게도 말하곤 했지만 지금 우리 곁에 온 새로운 세대는 다르게 생각한다고 말한다. 새로운 세대는 "아니, 아니, 아니"라고 말한다. 그들은 이렇게 말하는 법을 훈련하고 있다. "나는 이것도 포기하고 저것도 포기할래. 이것도 자제하고 저것도 자제해야지. 필요 없어. 안 해. 갖고 싶지 않아. 단념할게."[17] 이런 생각의 가치는 이루 헤아릴 수 없이 크다. 우

* 일주일 후 같은 계열사 제빵 공장에서 한 노동자가 손가락이 절단되는 사고를 당했다.

리가 원하는 것을 다 하느라 토대가 무너져 내리게 되었기 때문에.

나는 인생의 중요한 선택 중 포기와 관련되지 않은 것은 없다고 생각한다. 그리고 지금은 많은 포기들이 발명 중이다. 고기 안 먹을래, 모피 안 입을래, 가죽 안 입을래, 비행기 안 탈래, 에어컨 안 켤래, 난방 안 켤래, 빨대 안 쓸래, 종이컵 안 쓸래, 자동차 안 탈래, 비닐봉투 안 쓸래, 농약 안 뿌릴래, 나무 안 벨래. 바다에 쓰레기 버리지 않을래. 이제 더 이상 새 옷은 사지 않을래……. 이렇게까지 다른 생명과의 관계를 고민하는 것에는 감동적인 면이 있다. 나와 타인, 나와 자연과의 관계에 대한 고민은 당연한 것 같지만 그렇다고 꼭 그래야만 하는 이유가 있는 것도 아니다. 우리가 서로에게 꼭 다정해야 할 이유는 없다. 꼭 따뜻해야 할, 꼭 친절해야 할 이유도 없다. 꼭 페르난두 페소아 시「만약 내가 일찍 죽는다면」의 한 구절 같다. "나도 한 번은 사랑을 했지, 날 사랑하리라고도 생각했지, / 그러나 사랑받지 못했지. / 꼭 받아야만 하는 법은 없다는 / 유일한 큰 이유 때문에 사랑받지 못했지."[18]

"왜 내가 너를 사랑해야 해?", "꼭 그래야 할 이유는 없어"가 맞는 대답이다. "왜 내가 다른 생명을, 미래 세대를 생각해야 해?", "꼭 그래야 할 이유는 없어." 이것

역시 맞는 대답이다. 외롭지 않고 싶다는 것은 우리 모두 열망하는 감정이지만 외롭지 않기는 무척 어렵다. 우리가 외롭기를 택할 가능성이 훨씬 높으므로. 무관심, 무책임, 외면, 조롱, 무시, 냉소, 혐오가 많다면 그것은 그렇게 하는 것이 그렇게 하지 않는 것보다 훨씬 쉽기 때문이다. 수많은 지구 생명이 겪고 있는 위기 때문에 뭔가 '포기'하는 사람, 뭔가 '하지 않는 사람'은 그 쉬운 길을 택하지 않은 사람들이다.

다정함도 온기도 사랑도 책임감도 없이 사는 것이 어떤 것인지....... 각자의 어두운 기억이 두텁게 쌓여가는 이 세상에서, 결국은 자신도 해치고 남도 해치는 에너지가 발산되는 이 세상에서, 누군가 '우리 모두의 것인 삶'에 대해 뭐라도 생각하고 있다는 것은 감동적이다. 그래서 다른 생명에 대한 관심 때문에 그전에 하던 일을 더 이상 하지 않게 되는—포기와 자제와 하지 않음 쪽으로의 변화를 살아내는, 그렇게 미래 세계의 일부가 되려는 사람들이 내 눈에는 경이로워 보인다. 지구의 여러 문제에 우선 자신의 삶으로 대답하려고 하기 때문에, 스스로 자제하고 스스로 책임감을 느끼는 삶을 자유롭게 선택할 줄 알기 때문에. 꼭 그래야 할 이유가 없는데도.

이런 사람들의 핏속에는 별빛이 흘러 다닌다. 피부에

는 별빛 가루가 뿌려져 있다. 이 사람들의 빛이 내게로 흘러온다. 이런 사람들이 없다면 말을 건넬 사람도, 기댈 곳도, 기대할 것도 없이 살게 된다. 나는 하늘의 별을 볼 때처럼, 심금을 울리는 희생과 헌신과 책임감의 이야기들에 매료된다. 나의 욕망 중 가장 큰 욕망은 아름다움과 경이로움에 대한 욕망이고 나는 이 사람들의 이야기에서 인간적인 아름다움과 경이로움을 본다. 나는 이 경이로운 마음들과 함께 멀리 가보고 싶다. 더 많은 하지 않음, 포기를 발명하면서.

이야기의 발명

> 이 거리를 만들어낸 것이 무엇인지 궁금하지 않아?
> —— 무라카미 하루키

> 행복해지려고 그렇게 했다고?
> 좋아. 행복해 보인다고 말할 수 있다면 좋겠지만
> 외로워 보이는군.
> 솔직히 말해도 될까?
> 네가 예전처럼 근사해 보이진 않아.
> 네가 행복하려고 한 선택 때문에
> 너는 내가 예전에 알던 내가 사랑했던 사람이 아니야.
> 너의 행복이라는
> 그 헛소리를 다 뒤집으면 거기에 희망이 있어.
> 그럴 마음이 들면 전화해.
> 전화번호는 같아.
> —— 미상
> 「바뀌지 않는 전화번호」, 파르테논이 정면으로 보이는 카페에서 본 시

육두구

인도양 남동쪽 끝 인도네시아 반다 제도. 이곳엔 구눙아피 화산이 있다. 오래전 구눙아피의 연기 나는 분화구는 작은 섬들이 모여 있는 반다 제도 어디에서나 보였

다. 화산은 삶의 구심점이었고 화산이라면 마땅히 하는 일인 것처럼 이야기들을 만들어냈다. 이를테면 1599년 네덜란드 선박이 처음 도착하던 날 구눙아피가 오랜 휴지기를 끝내고 폭발했다. 주민들은 이것을 불길한 전조로 받아들였다. 외국 선박들이 반다 제도를 찾는 이유도 화산과 관련이 있다. 이 지역에는 화산작용이 준 특별한 선물, 육두구가 있었다.

세계의 모든 육두구가 18세기 전에는 반다 제도 혹은 그 주변에서 자랐다. 17세기 초반부터 유럽 사람들은 육두구에 관심이 많았다. 육두구에 대한 유럽인들의 열정이 세계의 지도를 바꾸기 시작했다. 전조는 16세기 중반부터 있었다. 영국 엘리자베스 1세 여왕의 의사들이 육두구가 유행병을 치료하는 데 쓰일 수 있다고 판단하면서 육두구의 가치가 껑충 올랐던 것이다. 반다인들도 아주 순진하지는 않아서 육두구를 거래할 줄 알게 되었다. 다만 그들에게 육두구는 다른 의미도 있었다. 육두구는 속상함을 풀어주는 것, 마음을 부드럽게 만져주는 손이 달린 나무였다. 육두구는 마을 아이들과 함께 자라고 아이들을 지켜주는 나무였다.

이 반다 제도에 셀라몬이라는 마을이 있었다. 셀라몬은 울창한 숲이 있고 파도가 반짝이고 그만큼이나 반짝이는 아름다운 이슬람 사원이 있는 마을이었다. 하얀색 아름다운 돌로 지어진 사원은 많은 이슬람 사원이 그렇듯 바람이 잘 통했고 입구에는 기도를 하는 사람들이 사원에 들어가기 전에 발을 씻는 커다란 물 항아리 두 개가 있었다. 그러나 이슬람 사원은 네덜란드의 차지가 되었다. 국세청 관리인 마르테인 송크가 이끄는 네덜란드 군인들은 사원을 주민들에게 빼앗은 데서 그치지 않고 집도 빼앗았다. 그러나 이것은 장차 벌어질 일에 비하면 아무것도 아니었다.

송크가 섬에 온 이유는 육두구를 독점하기 위해서였다. 이것에 방해가 되는 주민들을 소탕하기 위해서였다. 송크는 그 의도를 전혀 숨기지 않고 입 밖으로 내서 말을 했다. 주민들은 그 말을 듣긴 들었지만 차마 믿고 싶어 하지 않았다. 주민들은 이미 오랫동안 송크 아닌 다른 네덜란드 관료들에게도 시달려왔고 그때마다 능력이 닿는 한도 내에서 네덜란드인들에게 저항해왔던 것이다. 그들의 가슴속에는 희망이 있었다. 결국은 네덜란드인들이 떠날 것이라고. 송크의 가슴속에도 희망이 있었다. 아예 셀라몬 사람들을 쓸어버릴 명분이 될 어떤 일이 일어나고 육두구를 독차지할 수 있을 것이라고.

1620년 4월 21일 송크가 회의장에 들어갔을 때 램프 하나가 떨어졌다. 송크는 그것을 주민들의 기습 공격

신호로 받아들였다. 송크와 부하들은 즉시 무기를 집어 들었다. 그리고 보이지 않는 유령 군대를 향해 총을 쏘아대기 시작했다. 칠흑 같은 밤에 학살이 일어났다. 주민들은 숨죽이며 이 미친 광란의 총질이 멈추기를 집에 숨어서 기다렸다. 그러나 주민들을 싹 쓸어버리기를 원했던 송크는 다음 날도 총질을 멈추지 않았다. 마을을 불태우고 주민들을 살해하고 생존자들은 포로로 삼아 자바나 스리랑카처럼 먼 곳으로 보내버렸다.

한편 송크를 반다 제도로 데려온 함대의 지휘관이자 동인도의 총독인 얀 피터르스존 쿤은 램프에 집착했다. 그는 일본인 용병 여든 명으로 이루어진 부대를 활용했다. 그들은 주인 없는 사무라이들이었다. 값이 저렴하고 "참수와 시신 절단술에 통달한 고도의 숙련된 전문 검객들"이었다.[19] 램프와 관련된 음모를 파헤치기 위해 쿤은 마을 원로인 오랑카야의 아들들을 심문했다. 물고문이 있었다. "희생자의 목 주위에 원뿔을 씌운 다음 코와 입에 물을 들이부어 익사를 피하려면 물을 삼킬 수밖에 없게 만드는 고문이었다. [⋯] 어떤 경우에는 이러한 고문에 희생자의 겨드랑이·발·손을 양초로 지지는 행위, 손톱 뽑는 행위가 추가되기도 했다."[20] 이 고문은 결실을 맺어 한 소년이 램프가 떨어지던 날, 네덜란드인에 대한 공격에 착수한다는 원로회의의 결정이 있었다고, 최종 목표는 송크와 쿤을 살해하는 것이었다고 자백했다. 쿤은 소년의 자백이 사실인지 알아보기 위해서 조사위원회를 꾸렸다. 수십 명의 원로가 군함에 끌려가서 심문을 받았다. 고문은 혹독해서 그들 가운데 3분의 1이 배에서 바다로 몸을 던졌고 두 명은 현장에서 목숨을 잃었다. 이 사건을 기록한 네덜란드 관리는 원로 가운데 음모를 시인한 사람은 아무도 없었다고 적었다. 그러나 쿤은 원로들이 공격을 시인했다고 주장했다. 살아남은 마흔네 명의 원로들은 1621년 5월 8일, 대나무 말뚝 울타리가 박혀 있는 곳으로 끌려갔다. 가장 죄가 중하다는 판결을 받은 여덟 명은 서로 떨어져 있었고 나머지는 "양 떼처럼" 우왕좌왕했다.

그날은 하필 비가 세차게 내렸다. 비가 억수로 쏟아지는 와중에 그 원로들은 음모를 꾀하고 네덜란드와 맺은 조약을 위반했다는 죄목으로 사형선고를 받았다. 곧바로 여섯 명의 일본 검객이 위리안치소로 들어가 사형을 집행했다. 가장 먼저 처참하게 살해당한 것은 음모의 우두머리로 지목된 여덟 명의 원로였다. 그들은 참수형에 이어 사지가 찢겼다. 남은 서른여섯 명의 원로도 참수당하고 사지를 절단당했다. […] 잘린 머리와 토막 난 신체는 죽창에 찔린 채 방치되었다. 지역에서 전해오는 말에 따

르면, 원로 마흔네 명의 유해는 나중에 인근 우물에 버려졌다고 한다.[21]

나머지 주민 대부분은 도망가려다 바다에 빠져 죽었고 숲으로 도망친 사람들은 기아에 시달리다가 서서히 죽어갔다. 숲으로 도망친 사람 중에 죽지 않은 사람들은 노예로 팔려 갔다. 한 공동체가 10주도 안 되는 사이에 사라졌다.

　이 일은 큰돈이 되는 나무 때문에 벌어졌다. 그 뒤로 네덜란드는 육두구 무역을 독점했다. 네덜란드는 17세기에 황금시대를 맞이했다. 셀라몬 주민들의 복수를 해준 것은 육두구였다. 육두구는 여행을 좋아하는 열매였다. 육두구는 반다 제도를 넘어섰다. 네덜란드는 육두구를 독점하고 싶어 했지만 육두구는 네덜란드에게 독점당하고 싶지 않았다. 네델란드의 동인도회사는 얼마 뒤 붕괴했다. 나는 이 이야기를 아미타브 고시의 『육두구의 저주』에서 읽었다. 책을 읽는 동안 자꾸 어떤 이미지 하나가 겹쳐 떠올랐다.

　저주
2019년, 나는 우기(雨期)의 미얀마에 있었다. 나는 왕들의 파고다가 즐비한, 신앙심 깊고 아름답지만 많이 훼손된 도시, 바간에서 한 남자를 만났다. 그는 관광객들에게 탑을 안내하면서 탑들에 얽힌 사연을 들려주는 아르바이트를 하고 있었다.

"이 탑은 동서남북으로 향하던 코끼리들이 발을 멈춘 곳에 세워졌어요. 하지만 바간에서는 진짜 자기만의 탑을 찾을 수 있어요. 탑이 천 개가 넘으니까. 걷다가 코끼리처럼 발을 멈추고 싶은 곳에 멈추세요."

"자기만의 탑인지 어떻게 알아봐요?"

"바간의 왕들은 부처님의 목소리를 들을 수 있는 곳이라고 대답했을 것 같은데요. 사람은 누구나 자기 자신이 지겨우니까 다른 목소리가 필요하지 않을까요?"

나는 그의 말을 따라 바간의 여기저기를 걸어볼 작정이었다. 어느 정도 허물어져 폐허의 냄새가 풍기는 수수한 탑들이 벌써부터 마음을 끌고 있었다. 그는 자신의 진짜 직업은 조각가라고 했다.

"뭘 조각하세요?"

"불상. 그리고 팔찌나 반지나 목걸이도."

나는 팔찌라는 말에 혹했다. 바간에서 커다란 팔찌를 끼고 다녀도 좋을 것 같았다.

"좀 볼 수 있어요?"

남자는 망설였다. 갑자기 목소리를 낮췄다.

"그런데 제 조각은……."

"조각은?"

"재료가 특이해요."

"재료가?"

"맘모스(매머드) 뼈."

"맘모스요? 멸종된 그 맘모스요?"

"네."

"에이 설마."

나는 그가 꾸며낸 이야기라고 생각했다. 그래도 물어봤다.

"멸종된 맘모스 뼈를 어디서 구해요?"

"기후위기로 날씨가 이상해져서 강바닥이 드러난 곳이 있어요. 거기서 주민들이 맘모스 뼈를 발견해서 나에게 가져왔어요."

"하지만 코끼리 뼈일 수도 있잖아요."

"코끼리 상아랑 달라요. 아주 커요. 2미터가 넘어요."

그는 팔을 아주 길게 뻗었다.

"정부에 알려야 하지 않아요? 그리고 보존해야 할 것 같은데요."

나는 그의 말을 믿지 않았다. 그래도 호텔로 돌아와서 매머드 뼈에 관한 정보를 찾아봤다. 내 예상대로 미얀마에서 멸종된 매머드 뼈가 발견된 일은 없었다. 그러나 기후위기 이후 매머드 사냥꾼들이 기승을 부린다는 것을 알게 되었다. 기사들의 내용은 대체로 이러했다. '시베리아 지역의 기온이 상승하면서 만년설과 얼음이 녹아내린 덕분에 특수한 장비가 없어도 간단한 굴착 장비로 매머드 사체를 발굴할 수 있다. 매머드 사체에서 떼낸 상아는 1킬로그램당 5백 달러 선에 거래되는데, 큰 매머드 상아는 한 개가 60킬로그램에 육박한다. 현지에서는 이 가격이지만 미국이나 유럽에서는 가격이 훨씬 올라간다.'

역시 지구에 가장 많이 유통되는 이야기는 결론이 돈인 이야기들이다(지구상에서 가장 많이 발화되는 말은 "얼마예요?"일 것이다). 매머드는 오래전에 사라진 거대한 신비로운 동물의 아우라를 잃었다. 내가 살아남아 이 모습을 지켜보는 마지막 매머드였다면 내 종족은 멸종되는 것이 나았을 것이라고 생각했을 것이다. 그리고 왜 하필이면 내가 살아남았을까 묻고 밤에 몰래 내 조상들과 형제들의 뼈를 다시 묻었을 것이다. 내 동족들을 다시 신비로운 이야기, 공룡처럼 어린아이들이 밤에 소곤거리는 무서운 이야기, 광활한 상상력의 이야기 속으로 돌려보냈을 것이다. 그것이 내가 살아남은 이유일 테니까.

'멸종'이란 단어 자체는 신비로움과 무게와 슬픔을 잃

었다. 모든 단어는 우리가 부여하고자 했던 의미만을 남긴다. 우리의 삶은 점차 많은 것을 무의미하게 만들고 있다. 이것을 나는 '외로움'이라고 부른다. 나는 '매머드 이야기'를 떠나기로 했다. 그리고 계속 나의 이야기를 찾아 길을 갔다.

나는 왕들이 아니라 가난한 사람들이 만든 파고다가 있는 곳, 정령들의 힘을 믿는 산속 사람들이 있는 곳, 미얀마의 남쪽 끝, 탄비우자야트에 갔다. 그리고 북적거리는 시장에서 한 사내를 만났다. 더위를 많이 타는 사람이었다.

"우기라서 일몰이 아름다운 날이 드물지요. 그런데 당신은 미얀마 숲속 부족처럼 보이는군요. 왜 그렇죠?"

그는 나에게 꽤 이상한 이야기를 들려줬다. 그의 말을 요약하면 이렇다.

1996년, 점잖아 보이는 노인 한 명이 도쿄의 한 식당 앞에서 발걸음을 멈췄다. 식당 이름은 '탄비우자야트'였다. 그는 오랫동안 가게 앞에서 서성였다. 며칠 뒤 노인은 식당에 들어갔다. 노인은 주인에게 식당 이름이 탄비우자야트인 사연을 물었다. 식당 주인은 자신의 부모님이 그 고장 출신이라고 대답했다. 노인은 그 뒤로 식당에 자주 들렀다. 음식을 많이 먹지는 않았다. 늘 혼자 와서 식사를 하고 별말 없이 돌아갔다. 간혹 선물을 사 오는 날도 있었다. 대체로 차나 과자 같은 먹을 것이었 다. 어느 날 노인이 주인에게 말했다.

"부탁이 있어요."

"뭐든 편히 말씀하세요."

"탄비우자야트에 가서 다섯 군데 사진을 찍어오면 크게 사례하겠어요."

노인이 말한 다섯 장소는 태평양전쟁 때 일본군이 만든 파고다, 철도, 온천, 병원 그리고 산이었다. 탄비우자야트는 태평양전쟁 때 콰이강의 다리 종착역이 있던 곳이었다. 노인은 왜 그 사진이 필요한지나 자기 자신에 대해서는 별말을 하지 않았다. 식당 주인은 탄비우자야트에 갈 일이 있을 때 찍어 오겠다고 했다. 그러나 그에게 탄비우자야트에 갈 일 같은 것은 없었다. 그의 부모는 탄비우자야트뿐만 아니라 세상을 영영 떠났기 때문이었다. 그래도 식당 주인은 존재하지 않는 부모님을 만나러 가는 척하고 탄비우자야트로 갔다.

탄비우자야트에는 전쟁 때 강제 노역을 하고 학대를 당해 죽었던 연합국 포로들의 무덤이 있었고 아웅 산수치의 사진이 걸려 있는 박물관이 있었다. 연합국 포로들의 무덤은 그 가족들이 가슴 아파하지 않을 정도로 깔끔했다. 식당 주인은 작지만 오래된 지역 신문사를 찾아갔다. 그 신문사에는 기자가 한 명 있었다. 기자 겸 편집장 겸 영업 사원 겸 운전기사 겸 정보원 겸…… 어쩌면 그는 사기꾼이나 도굴꾼일지도 모르겠다. 그는 필요에 따라 다른 존재가 되는 것을 기꺼이 즐기는 스타일이었다. 기자는 식당 주인을 자신의 차에 태우고 사진을 찍으러 다녔다. 파고다, 철도, 온천은 찍기 쉬웠다. 그런데 아무리 찾아봐도 병원은 발견할 수 없었다. 거의 포기할 때쯤 병원의 위치를 알고 있는 사람을 만났다. 동네 꼬마들이었다.

"그 아이들은 늘 소에게 풀을 먹이러 다니니까요."

병원은 온천 바로 옆에 있었다. 소가 풀을 먹는 흙 속에 나무토막들이 파묻혀 있었고, 나무토막에는 일본어로 병원이라는 글씨가 선명하게 남아 있었다. 그들은 병원이 아니라 병원의 잔해를 찍었다.

마지막으로 산이 남았다. 전쟁 이후 산은 언제부터인지 많은 부분이 입산 금지 구역이었다. 산이야 아무렇게나 찍으면 어떻겠는가? 식당 주인은 다섯 장의 사진을 가지고 일본으로 돌아갔다. 얼마 뒤 노인은 식당 주인에게 한 가지 더 부탁했다.

"노인은 전쟁 때 일본군과 미얀마 여성들과의 사이에서 낳은 아이들을 찾을 수 있다면 그 아이들을 돕고 싶다고 했다더군요."

식당 주인은 이번엔 탄비우자야트로 오지 않고 편지를 보냈다고 한다.

"찾았어요?"

"아뇨."

"하지만 찾으려면 찾을 수 있었을 텐데요. 용모가 조금은 달랐을 테니까."

"누구도 그런 이야기를 하고 싶어 하지 않았어요."

"그럼 어떤 이야기를 하고 싶어 해요?"

"아이 대신 다른 것을 찾게 해주는 이야기지."

우리가 앉아서 이야기하는 동안 해의 위치가 바뀌었는지 그의 그림자가 길어졌다.

"그런데 그 식당 주인이 만났다는 기자가 혹시?"

"그래요. 나예요."

"그렇다면 사람들이 찾고 싶어 한 것을 알고 있겠군요."

"우리, 그러니까 식당 주인과 나는 콰이강의 다리에 철로가 건설될 때 열일곱 살이었던 사람을 만난 적이 있어요. 그는 전쟁이 뭔지 몰랐어요. 다만 그냥 기차가 좋았어요. 그는 달리는 기차를 보는 것이 좋아서 기차가 달릴 때 같이 뛰었다고 합니다. 그는 기차가 뭘 실어 나르는지에는 관심이 없었어요. 기차는 새로운 문명이었으니까. 당시의 우리에겐 없던 거니까. 그 사람은 일본인들의 잡일을 도와주다가 일본어까지 배우고 점점 더 많은 일을 하게 되었다는데…… 그 사람이 말하길 당시 기차는 군인도 나르고 부상병도 나르고 시체도 날랐다는군요. 어떨 때는 환자와 시체가 같은 칸에 실려 있었대요. 냄새가 아주 심했다고 합니다. 나중에 전쟁이 끝나고도 그는 기차역을 떠나지 않았어요. 기차 역장이 되었어요."

그는 이야기를 하면서 연신 땀을 흘렸다. 나도 더웠기 때문에 이제 그만 호텔로 가야겠다는 생각을 했다. 하지만 그의 다음 말이 나를 붙잡았다.

"천황이 항복 선언을 하면서 태평양전쟁이 끝나자 이 지역에 있던 일본군은 기차를 타지 않고 걸어서 산을 넘어 태국으로 넘어갔어요. 그런데 일본군이 태국으로 넘어가기 며칠 전부터 산에서 밤마다 이상한 소리가 들렸다는 거예요. 일본 패망의 기운이 짙어질 무렵 기차에 커다란 궤짝들이 실려 오기 시작했어요. 동남아 각지에서 실려 오는 궤짝들은 철로 되어 있었고 굳게 자물쇠가 채워져 있었고 식별 번호가 써 있었어요."

나는 호텔로 돌아가겠다는 생각을 확실히 접었다.

"수백 상자가 쉴 새 없이 왔다는군요. 나중에 부대에서 일하는 사람들 사이에서도 공공연히 소문이 돌았다고 합니다. 그 안에 아시아 각지에서 실어 온 보물들이 잔뜩 있다는 거예요. 밤마다 들렸던 이상한 소리는 궤짝을 묻으려고 땅을 파는 소리였어요. 일본군은 패망할 때 그 상자들을 다 두고 갔어요."

이야기는 갑자기 보물이 가득한 동굴 이야기로 변했다. 나는 즉각 부자가 된 듯한 기분이 들었다. 황금 불상 같은 보물들이 눈앞에 그려졌다. 그 보물이 다 내가 손만 뻗으면 닿을 내 것 같았다. 그 돈을 어디에 쓰면 좋을지 잠시 행복한 환상에 젖었다. 그다음 이야기는 파라오의 저주 같다.

"몰래 그 산에 깊숙이 들어간 사람들이 있었어요."

"……."

"1987년에 한 명이, 나중에는 두 명이, 그다음에는……. 하여간, 난 세 번째 시도까지 들었어요. 땅굴을 파고 갔답니다. 모두 보름달이 환한 달밤에 갔다는군요."

"어두울 때 가야 들키지 않을 텐데. 왜 달밤이죠?"

"두려웠겠죠."

"그 사람들이 보물을 들고 나왔어요?"

"그 사람들 중에서 산에서 돌아온 사람은 없어요."

"그 사람들은 어떻게 되었을까요?"

"그 산은 호랑이가 살았던 밀림이에요. 산이 해결했겠죠."

나는 잠시 후에 물었다.

"혹시 직접 가고 싶진 않았어요? 팀을 짜서?"

"미얀마의 산에는 온갖 사람들이 다 살아요. 설사 그런 곳이 있다면 산에 사는 부족들이 가장 잘 알 텐데. 난 그 사람들이 보물 동굴을 찾았다는 말을 아직 못 들었어요. 그리고……."

"그리고?"

"나에게는 황금 보물을 발견해봤자 가지고 같이 살고 싶은 사람이 없어요."

이제 어둠은 그의 얼굴을 다 덮었다.

"다른 것을 찾는 사람들도 있었어요."

"다른 것?"

"전후 몇 년간은 전사한 병사들의 부모가 일본에서 단체로 찾아왔어요. 해마다 왔어요. 신문에 광고도 냈어요. 전사자와 관련된 무엇이라도 찾기 위해서. 물론 내가 그 팀을 이끈 것은 아니에요. 내가 같이한 것은 그 부모들이 죽기 전에 마지막으로 한 번 왔을 때."

"그때 부모들은 무슨 말을 했나요?"

"그들은 아들이 전쟁이 끝난 줄 모르고 정글에서 임무 수행 중이라고 생각합니다. 부모들은 이제 임무는 끝났다고 말해주려고 온 거예요. 이제 총을 내려놓으라고. 이제 자유로운 유령이 되라고."

"자유로운 유령."

"예전에 살던 삶에서 자유로워진 유령이죠."

"태어났을 때처럼?"

"태어났을 때처럼."

"그때처럼 축복도 받으면서?"

"축복도 받으면서."

"이번에는 뭐든지 자기 자신이 되라고?"

"되라고."

"뭐든지 꿈꾸는 대로 되라고?"

"그래요."

"그래도 그 안에 뭐가 있는지 궁금하지 않았어요?"

"그 안에 뭐가 있는지는 이미 알고 있어요."

"정말요?"

"우리가 잘 아는 거예요. 그 안에 있는 것은 우리가 바라는 거예요. 각자 보고 싶은 것이 그 안에 있다고 생각하는 거예요. 사람들은 꿈대로 이야기를 만들지 않나요?"

우리는 이 대화를 끝으로 오후의 열기 속에서 헤어졌다. 나는 이 이야기를 잊었다. 잠시 동안은. 그러나 오래 잊지는 못했다. 그와 헤어지고 1년 뒤인 2020년, 미얀마에 내전이 일어났다. 그와 헤어질 때 그가 한 말이 생각났다.

"우리는 이미 땅속에 보물이 많아요. 지하자원이라는 이름의 보물. 또 총소리가 들릴 테고 또 군대가 올 것이고 피를 흘릴 것이고. 내 눈에는 다 보여요. 사람들이 어떻게 그걸 못 보는지 모르겠어요. 이게 내 질문이에요. '왜 누구는 보고 왜 누구는 보지 못하는가?'"

황금 파고다가 있고, 새벽마다 파고다를 스치는 바람이 황금의 소리를 전하고, 황금 같은 마음을 가진 사람들이 사는 땅, 미얀마. 그 땅 속에 묻힌 지하자원이란 이름의 황금 보물들이 피를 부르고 있었다. 욕망이 같다면 동일한 운명이 기다린다. "저주가 같다면 나를 부르는 이름이 뭐가 중요하랴." 이것은 보르헤스의 말이다. "내일 전쟁터에서 나를 생각하라." 이것은 셰익스피어의 말이다.

혹시 내가 들려준 반다 제도 이야기와 미얀마 이야기가 같은 이야기라는 것을 눈치챈 사람이 있을까? 이 두 이야기의 공통점은 두 이야기 모두 우리를 위해서 새로운 운명을 만들지 못했다는 점이다. 이런 희생이 무의미하다는 것을 한 치도 믿고 싶지 않지만, 이 이야기들이 진정 비극인 이유는 이런 일이 너무 흔하다는 점이다. 셀레몬 주민들의 희생과 본질적으로 유사한 일들은 현재에도 지구 도처에서 일어나고 있다.

셀레몬 학살이 일어날 무렵 유럽에서는 지구를 자원으로 보는 눈이 처음 생겨나기 시작했다. 이젠 지구에 사는 거의 대부분의 사람이 바닷가나 숲길을 걸으면서도 땅값과 자산 가치, 개발, 수익성, 수익 모델 같은 단어들을 생각한다. 동물은 축산자원, 숲은 임업자원, 바다는 수산자원, 인간은 인적자원이고 육두구 열매는 킬로그램당 가격이 매겨지는 견과류지 그 나뭇잎의 부드러운 손길로 우리에게 도움을 줄 수도 축복을 해줄 수도 있는 신비로운 것이 아니다. '지구-자원'은 거의 모든 지구인이 그렇게 생각하는 막강한 수퍼 울트라 힘을 가진 이름이 되었다.

우리에게 위안이 되는 것은 자연이 아니고 돈이다. 어떠한 희생을 치르더라도 수익을 창출해야 한다. 어떤 대가를 치르더라도 성장은 해야 한다. 이 세상에서 우리는 이윤을 내야 한다는 압박감에 시달린다. 이 이야기 속에는 모든 것이 사라지고 일부 인간만이 남는다. 이 세상이 최선의 세상이라고 생각하고 잘 적응한 인간만이 살아남는다. 이것이 우리 시대의 메인 서사다. 이것이 우리가 공유하는 정신적 배경이다. 다른 세상을 상상할 수 없다면 우리는 적응을 '행복'이라고 생각한다. 그러나 행복은 우리가 지구에 드리운 그림자가 되어서 우리에게 돌아왔다. 코로나바이러스, 기후위기라는 이름으로.

우리는 살아 있고 죽이는 이야기를 한다. 우리는 살

아 있고 죽이는 언어를 쓴다. 그런데 모든 이야기는 우리가 상상한 것보다 훨씬 많은 힘이 있다. 우리는 현실의 세계를 살지만 허구와 환상의 '세계-이야기'의 세계에도 살기 때문이다. 내면에 깊게 뿌리내린 다음 우리가 그 안에서 굳어 그것에 따라 살게 만드는 것이 바로 이야기의 무시무시하고 엄청난 힘이다. 우리가 다른 이야기를 필요로 하는 이유? 하나의 이야기밖에 모른다면 하나의 삶밖에 살지 못하기 때문에, 다른 세계가 다른 삶이 가능함을 알지 못하기 때문이다.

어쨌든 이것들은 내가 마음 편히 깃들 이야기들이 아니다. 나의 좋은 부분을 자극하지 않는다. 이것이 내 이야기이도록 놔둘 수 없다. 다른 이야기가 필요하다. 새로운 운명을 마련해주고 새로운 가능성에 마음을 열게 하는 이야기가 필요하다. 우리가 얼마나 애타게 지구를 돈을 벌어줄 자원으로 보고 싶어 하는지 잘 아는 아미타브 고시의 지도가 가리키는 출구 쪽 화살표에는 '이제 이야기를 바꾸라'라고 써 있다. 앞으로는 자연을 빼놓고는 미래에 대해서 이야기하기가 불가능해질 것이다. 그리고 모든 것을 자원으로 보는 이야기 속에는 어떤 탈출도 해방도 없다.

초대

우리에게는 자신이 어떻게 해서 바로 이 모습으로 살게 되었는지를 말할 때 자주 하는 이야기가 있기 마련이다. 파타고니아의 지속 가능 경영 부사장이자 『지도 끝의 모험』의 저자 릭 리지웨이에게도 그런 이야기가 몇 가지 있다.

릭의 어머니는 그의 스물다섯 살 생일날 『오듀본 조류 도감』을 선물로 사주셨다. 하루는 그가 책상에 앉아 있는데 창밖으로 벌새가 보였다. 그는 얼른 조류 도감에서 그 새를 찾아봤고 자신이 본 것이 안나 벌새라는 이름을 가진 새라는 것을 확인했다. "조류 도감에는 교미기가 오면 수컷 안나 벌새가 똑바로 날아올랐다가 방향을 틀고 급강하를 한 뒤 꼬리 깃털을 펼치면서 펑 하는 소리를 낸다고 적혀 있었"다. 그 소리가 벌새의 짝짓기 신호라는 것이다.

> 며칠 후 자동차를 만지고 있는데 벌새가 직선으로 날아올랐다가 똑바로 곤두박질치는 장면이 눈에 들어왔어. 그리고 펑 하는 소리가 들렸지. 조류 도감에 있는 이야기와 똑같았어. 1분 후에는 또 다른 펑 하는 소리가 들렸어. 나는 선 채로 눈을 감고 귀를 기울였어. 1분마다 동네와 언덕 주변에서 펑 하는 소리가 계속 들렸지. […]

진짜 1분마다 펑 하는 소리가 났어. 그동안은 전혀 의식하지 못했던 소리였지.[22]

그는 이 이야기를 이렇게 사용한다. "안나 벌새의 펑 소리에 귀를 기울이는 법을 배운 것이 관심을 기울이는 법을 배우려는 평생의 노력이 시작된 때였어." 나는 그의 말을 액면 그대로 믿는다. 하나의 감각이 열리면, 들리지 않던 것이 들리면, 보이지 않던 것이 보이면 전에 없던 사랑이 시작될 수 있다.

그의 인생에 안나 벌새만큼 반복적으로 등장하는 것은 그에게 멘토가 된 모험의 신인 두 친구다. 그중 한 명은 이본 쉬나드고 다른 한 명은 더그 톰킨스다. 젊은 시절부터 등반을 즐기던 이 모험의 신들은 둘 다 아웃도어 회사를 차렸다. 이브는 파타고니아를, 더그는 노스페이스를. 그러나 둘이 자신을 설명할 때 핵심으로 생각하는 것은 비즈니스맨이 아니었다. 사업은 수단이고 목표는 야생이었다. 이브는 회사의 사정이 좋으나 나쁘나 '지구세'라고 부르는 것을 내놓았다. 더그는 노스페이스를 매각한 돈을 들고 칠레의 5성급 땅(그가 최고로 아름다운 땅을 가리킬 때 하는 말)들을 사들이기 시작했다. 그는 대체 왜 땅을 사들였던 걸까? 그에게는 꿈이 있었기 때문이다. 더 많은 보호구역을 만들어서 칠레와 아르헨티나 두 나라에 기증하는 것이 더그의 인생 목표였다. 더그는 릭에게 이렇게 말했다.

> 자네는 세계를 둘러봤잖나. 국립공원은 기준 중의 기준이야. […] 언젠가 이 나무, 이 숲, 이 모든 건물, 트레일, 야영장을 칠레에 돌려줄 생각이야. […] 그렇게 되면 이 나라의 국립공원 시스템이 커지겠지. 하지만 더 중요한 건 그렇게 해서 공원에 대한 기준이 더 높아지고 사람들이 공원에 대해 가지는 자부심이 강해지는 거야.[23]

이 문장을 읽을 때 '자부심'이라는 단어가 내 마음속에서 그야말로 '펑' 확장되었다. 더그는 하고많은 단어 중에 왜 굳이 '자부심'이라는 단어를 선택해서 자신이 하는 일에 의미를 부여하려고 했을까?

내 생각에 자부심은 아주 깊은 감정과 관련이 있다. 깊은 감정을 느낀 어떤 일을 하면서 올바른 길을 가고 있을 때 느끼는 감정이 바로 자부심이다. 등산이나 카약 같은 아웃도어 스포츠를 즐기던 더그가 깊은 감정을 느낀 것은 자연이었고 그에게 그런 감정을 선물한 자연을 지키려고 하는 동안 그가 먼저 자부심을 느꼈을 것이다. 그리고 그 자부심이 얼마나 중요하고 좋은 것인지, 인간에게 얼마나 필요한 것인지 아는 사람으로서 자부심을 사람들에게 돌려주고 싶었을 것이다. 그런데 이것은 우리 인류가 해온 일이기도 하다. 모닥불가에서 이야기를 나누며 진화한 영장류 동물로서, 우리는 이야기를 듣는 자에서 이야기를 돌려주는 자로 변해간다. 어떤 이야기를 돌려주려고 하느냐 그 문제가 남을 뿐이고, 이야기를 하는 동물로서 좋은 이야기를 (이 세계에) 돌려줄 수 있다는 것보다 더 좋은 것은 없다.

더그는 자부심을 가지고 삶을 선택했고 선택한 일에 가진 모든 돈과 어머어마한 에너지를 쏟아부었다. 더그 덕분에 나는 광활한 칠레의 국립공원들을 상상하고 그런 거대한 보호구역이 있는 미래를 더 열렬히 원하게 되었다. 이 두 사람의 삶은 릭에게 녹아들었다. 릭 또한 두 친구들처럼 자연을 지키는 일에 힘을 보태는 것을 평생 해야 할 일로 생각하게 되었다. 릭은 친구들을 따라서 이렇게 생각하는 것이 자신에게 얼마나 중요한지 잘 알고 있었다. 진짜배기 우정이고 그야말로 살아 있는 관계다.

이본 쉬나드와 더그 톰킨스와 릭 리지웨이는 모험을 떠나 텐트 안에서 잠을 잤을 것이다. 그들의 텐트 안에는 '다른' 이야기가 있었을 것이다. 이를테면 이런 이야기. "이 땅과 저 땅이 연결되면 진짜 아름답겠지?", "이

땅과 저 땅이 연결되면 저 큰 나무 밑에 부모들이 아이들을 데리고 와서 피크닉을 즐기겠지?" 솔직히 나는 이런 이야기를 해본 지 너무 오래되었다. 삶을 돈에 통째로 팔고 싶지 않은 한 인간으로서, 큰 나무 그늘 아래 쉬는 것 같은 마음의 평화를 주는 이야기가 필요한 한 인간으로서, 지구를 자원뿐만이 아니라 경이롭고 성스러운 선물로도 경험한 사람으로서 이런 이야기가 그립다. 이런 이야기가 있는 텐트 속이 내 서식지 같다.

더그의 꿈은 더그가 뜻밖의 카약 사고로 숨진 다음에 아내의 노력으로 이루어졌다. 아마도 이 세계에서 새로 탄생하리라 기대할 수 있는 가장 아름다운 세계의 모습일 것이다. 우리 삶에서 파괴의 에너지가 빠져나간 세상의 모습을 상상한다면 바로 그 모습일 것이다.

그의 장례식 때 아내가 한 말도 잊기 힘들다.

남편과 나는 부부로서 많은 시간을 함께했습니다. 우리는 서로에게 평생의 사랑이었지만 동시에 모든 야생의 것들과 사랑에 빠져 있었습니다.[24]

더그는 공원의 일부분이 되었다. 훌륭한 꿈과 끝까지 서로에게 헌신하고 충실했던 사랑 이야기의 일부분이 되었다.

『지도 끝의 모험』은 야생을 모험한 이야기이지만 그것으로 끝이 아니다. 친구와 사랑을 찾고 인생을 바쳐해야 할 일을 찾고 자신의 삶을 만들고 아직 우리가 가보지 못한 길을 만들면서 살아간다는 고난도의 인생 모험 이야기이기도 하다. 이것은 어떻게 가능했을까?

조금 더 생각해보고 싶다. 우리가 듣고 나누는 많은 이야기 속에서 우리는 우리 인류가 달라질 미래를 믿지 않는다. 사실은 달라질 자신을 믿지 않는다. 우리는 자신을 보는 대로 세상을 본다. 하지만 미래는 다른 것이 아니라 우리 머릿속 생각이고 꿈이다. 세상은 우리의 상상과 꿈과 생각대로 만들어지고, 상상하고 꿈꾸지 않으면 영영 존재하지 않게 된다. 그리고 미래를 믿지 않으면 제일 먼저 사라지는 것이 이야기꾼의 능력이다. 이야기는 "그다음엔 어떻게 돼?", "그 일 다음엔?" 시간 속에 있기 때문이다. 그리고 지도를 잃는 것이다. 우리는 이야기에 따라 살아가기 때문에. 그렇게 결국은 타인이 그린 지도를 따라 타인―부동산 개발업자나 파워엘리트, 메인 파워, 인싸, 인플루언서, 국회의원 등등의 뭐 그런 파워풀해 보이는 이름을 가진―이 쓰는 이야기에 따라 살게 된다. 문제는 누구도 자신의 삶을 사는 것을 포기하고 싶어 하지 않는다는 것이다. 이젠 어떻게 해야 할까?

지금 따라 하고 있는 이야기 중 뭔가를 잊어버려야 한다. 각자를 지배하는 메인 서사―어느새 그렇게 살아야 한다고 믿게 만들어버린―의 환상을 깨야 한다. 우리가 행복이라고 믿었던 것, 그래서 그 길을 향해 달려가게 만들었던 이야기들을 의심해봐야 한다. 그래야 삶과 미래를 포기하지 않을 수 있고 다르게 생각하고 다르게 행동하고 다른 곳에 에너지를 쓰면서 다른 미래에 살고 자기 자신이 될 수 있다.

내 눈에 릭과 친구들의 희망과 열정은 이 불타는 지구에서 지금 가장 필요한 것으로 보인다. 그들은 자신들의 열정을 현실 유지가 아닌 없던 것의 창조에 바쳤다. 나는 이 열정을 공유하고 싶다. 우리 시대는 같은 꿈을 꾸는 것에 대해선 극도로 말하지 않고, 그래서 타인으로부터 에너지를 받는 일이 드물어졌지만, 살아 있는 생명체로서 어떻게 에너지를 받지 않고 지속적으로 에너지를 발산할 수 있겠는가? 입력이 있어야 출력이 있다. 나는 나의 에너지의 대부분이 감탄할 만한 이야기를 따라 사는 데서, 마음이 가는 이야기의 일부분이 되려고 하는 데서 나왔다는 것을 알고 있다. 이렇게 살 때 나는 어디에 힘을 써야 할지 모르는 슬픔에서 벗어나 자유롭게 나 자신의 에너지를 발산하며 나 자신을 겨우 신뢰할 수 있었다. 나는 이렇게 타인의 이야기에서 에너지를 받는 것을 이야기의 초대라고 표현해왔다. 이제는 이 이야기의 초대에 따라 길을 가는 것을 삶의 발명이라고 불러도 좋을 것 같다.

귤

내가 이야기의 초대를 받았던 경험을 하나 들려주고 싶다. 내 친구가 어느 날 코스타리카에서 장수거북의 알을 지키다 납치 살해된 이십 대의 환경운동가 자이로 모라 산도발의 이야기를 들려줬다. 2013년 5월의 일이다. 눈부신 해안이 있는 코스타리카에는 많은 거북이가 알을 낳으러 온다. 그러나 그 거북이 알은 음식 재료로 불법 거래된다. 거북이 알이 정력에 좋다는 속설 때문이다.

자이로는 납치되던 날도 거북이 알을 보호하기 위해 순찰을 돌다가 밤 열한 시가 넘어서 네 명의 여성 자원봉사자들과 함께 적어도 다섯 명의 총을 들고 마스크를 쓴 남자들에게 납치되었다. 자이로는 다음 날 해변에서 손이 묶인 채 벌거벗은 시신으로 발견되었다. 1987년생인 그의 사망 당시 나이는 스물여섯이었다. 곱슬머리와 커다란 눈망울과 미소가 아름다운 청년이었다. 코스

타리카 정부는 이 사건을 단순 강도 사건으로 처리하고 밀렵꾼들을 풀어주었다.

친구와 헤어지고 난 며칠 뒤 나는 자이로에 관한 자료를 찾아보았다. 그의 장례식 영상을 찾을 수 있었다. 장례식 때 그의 부모는 말했다. 자이로는 어려서부터 열정적으로 바다 생물을 사랑했다고. 그의 친구들은 이렇게 말했다.

"몇 번이나 경찰에게 거북이 알 밀렵꾼으로부터 우리를 보호해줄 인원을 보강해달라고 했지만 경찰들은 우리 말을 듣지 않았다. 앞으로 경찰이 우리를 보호하지 않더라도 우리는 내일부터 모라가 하던 일을 이어서 할 것이다. 우리는 거북이 알을 지킬 것이다. 우리가 그렇게 하지 않는다면 모라의 죽음이 헛되게 된다."

이렇게 자이로의 삶은 거북이의 삶 속에, 친구들의 삶 속에 녹아들었다. 혹시, 어쩌면 나의 삶에도? 그렇다. 나는 이 이야기 전에는 거북이 알과 아무런 상관이 없이 살았지만 거북이 알 이야기가 삶에 들어오면서 세계가 또 달라 보였고 거북이 알과 연결되기 시작했고 거북이 알을 걱정하는 사람이라는 새로운 자아를 가지게 되었다. 전에 없던 새로운 정체성을 주는 것이야말로 이야기가 주는 가장 큰 선물이다.

그로부터 6년 후 나는 일본 최초의 세계자연유산이자 미야자키 하야오의 애니메이션 <원령 공주>의 배경으로 유명해진 야쿠시마섬으로 여행을 가게 되었다. 내가 야쿠시마섬에 대해 아는 것은 일주일에 8일 비가 내린다는 말이 있을 정도로 비가 잦아 세상의 거의 모든 이끼가 있다는 것, 사슴과 원숭이가 많다는 것, 열세 명의 사람이 안아도 다 안을 수 없다는 7천 년 된 조몬 삼나무가 있다는 것뿐이었다(야쿠시마의 농부 시인 야마오 산세이의 말에 따르면 조몬 삼나무는 자아와 욕망만 비대해진 우리를 말없이 바라본다고 한다).

숙소를 예약하려고 이리저리 찾다가 단어 하나가 눈에 쏙 들어왔다. 거북이였다. 푸른바다거북이 알을 낳으러 제일 먼저 상륙하는 곳이 야쿠시마섬이라는 것이었다. 그리고 거북이 알을 지키려는 사람들이 '야쿠시마 바다거북이 센터'에 모여든다는 것이었다. 내가 본 숙소는 거북이 산란 장소 바로 옆에 있음을 자랑스러워하고 있었다. 그 순간 그야말로 뛸 듯이 기뻤다. 드디어 나도 거북이 알을 지킬 기회가 생겼구나!

나는 페리를 타고 야쿠시마에 갔다. 고래가 있으니 감속 운전하겠다는 선내 안내 방송이 기억에 남는다. 야쿠시마 숙소에 도착하자마자 바닷가 모래사장으로 뛰어나갔다. 부슬부슬 비 내리는 밤이었다. 어두웠지만 달은 있었다. 나는 거북이가 싫어할 것 같아서 불도 켜지 않고 모래사장을 열심히 바라보았다. 모래가 아주 부드럽지는 않았다. 그러나 아무리 발밑을 봐도 깨진 조개껍질 몇 개만 보였다.

그때 어두운 그림자 하나가 느릿느릿 다가왔다. 숙소 주인이었다. 노인은 커다란 검은 우산과 손전등을 들고 나에게 다가왔다. 그는 내가 모래사장에서 무엇을 찾는지 잘 알고 있었다. 그는 나에게 우산을 받쳐주고는 손바닥을 폈다. 다섯 개의 손가락을 펼치다가 아홉 개의 손가락을 펼치는 동작을 반복적으로 했다. 그러다가 양팔을 흔들면서 힘차게 걷는 동작을 했다. 내가 야쿠시마에 간 것은 1월이었다. 이것은 혹시 5월에서 9월 사이에 오라는 뜻일까? 나는 그의 손동작과 걷는 동작을 소심하게 따라 했다. 그는 고개를 크게 끄덕이면서 다시 한 번 손바닥을 펼쳤다가 걷다가를 반복했다. 한쪽 손바닥만 펼쳤을 땐 바다에서 뭔가가 오는 동작을 했고 아홉 개의 손가락을 펼쳤을 때는 바다를 가리켰다. 종합해보자면 거북이가 섬에 오는 것은 5월이고 바다로 돌아가는 것은 9월이니 5월에서 9월 사이에 다시 오란 뜻이었다. 나는 그의 동작을 그대로 따라 했다. 그는 내가 말을 알아들었다는 사실에 안도하는 듯한 미소를 짓더니 춥고 비 오니 어서 숙소로 돌아가자는 듯한 동작을 했다.

우리 둘이 비 오는 바닷가에서 마임을 한 기분이었다.

나는 너무 큰 실망감에 휩싸였다. 거북이가 나타나서 지금 이 순간을 영원한 것으로 만들어주면 얼마나 좋을까? 그것 말고 바라는 것도 없는데. 나는 힘없이 고개를 떨구고, 그러면서도 미련을 떨치지 못하고 기적을 바라면서 다시 한번 바닥을 바라보면서 노인을 따라갔다. '나는 왜 거북이가 언제 알을 낳는지도 알아볼 생각을 하지 않았을까! 왜 거북이가 연중무휴 알을 낳을 것이라고 생각했을까? 이 멍청이!'

숙소 안으로 들어서자 노인이 카운터에 앉아서 손짓으로 나를 불렀다.

"미캉."

그가 내게 한 접시 가득 귤을 줬다. 나는 방에 들어가서 열 번쯤 자책하다가 배가 고파서 귤을 까먹기 시작했다. 껍질이 아주 얇아서 까기도 힘들었다. 그런데 이게 웬일인가? 귤이 너무 맛있었다. 내 인생에서 먹어본 가장 맛있는 귤이었다. 나는 이야기를 발명할 씨앗을 가지게 되었다.

"내가 정말 맛있는 귤 이야기 해줄까?"

나는 이제 귤을 먹을 때마다 자이로와 친구들을 생각하고 완벽한 의사소통을 이루었던 야쿠시마섬의 한밤

중 마임을 생각하고 그날 떠 있던 달, 나의 오랜 친구인 달—내가 힘들 때마다 숱하게 바라보던 달, 구름을 뚫고 나오던 모습을 지치도록 바라보게 만들었던 달—을 거북이도 바라보고 길을 찾는다는 생각을 한다. 그리고 달은 내 속마음도 들어줘야 하고 거북이, 조개, 아주 많은 생물들이 길을 찾게 도와줘야 하니 정말 바쁘겠다는 생각을 하고, 알 하나하나가 들려줄 수 있는 생명의 신비와 고난에 대해서도 생각한다. 거북이 알은 생명이 무엇인지 우리에게 알려줄 수 있는 존재다. 달이 그런 것처럼, 파도가 그런 것처럼. 모든 생명은 연결되어 있고 지구는 더 이상 황금 보물을 찾아 정복할 곳이 아니라 잃어버린 의미와 신비를 되찾는 곳이다. 나는 거북이 알과 맛있는 귤에 걸맞은 이야기를 따라가볼 생각이다. "이 이야기가 딱이야!" 그런 이야기를 찾을 수만 있다면 세상에 돌려줄 것이다.

미주

1. 마리아 포포바, 『진리의 발견』, 지여울 옮김, 다른, 2020, 776면.
2. 게리 퍼거슨, 『자연처럼 살아간다』, 이유림 옮김, 덴스토리, 2021, 219면.
3. 위의 책, 220면.
4. 위의 책, 142-143면.
5. 비스와바 쉼보르스카, 『읽거나 말거나』, 최성은 옮김, 봄날의책, 2018, 230-232면.
6. 위의 책, 246-247면.
7. 이사 레슈코, 『사로잡는 얼굴들』, 김민주 옮김, 가망서사, 2022, 114면.
8. 위의 책, 33면.
9. 크레이그 포스터·로스 프릴링크, 『바다의 숲』, 이충호 옮김, 해나무, 2021, 355-356면.
10. 장수진·김미연, 『마린 걸스』, 에디토리얼, 2023, 100면.
11. 위의 책, 101-102면.
12. 지야 통, 『리얼리티 버블』, 장호연 옮김, 코쿤북스, 2021, 441-442면.
13. 위의 책, 442면.
14. 니코스 카잔차키스, 「모넴바시아, 그리스의 지브롤터」, 『모레아 기행』, 이종인 옮김, 열린책들, 2008, 182-183면.
15. 존 줄리어스 노리치, 『비잔티움 연대기』, 남경태 옮김, 바다출판사, 2007.
16. 레이먼드 카버, 「캅카스: 단편서사시」, 『우리 모두』, 고영범 옮김, 문학동네, 2022, 204면.
17. 올가 토카르추크, 『다정한 서술자』, 최성은 옮김, 민음사, 2022, 24면.
18. 페르난두 페소아, 「만약 내가 일찍 죽는다면」, 『시는 내가 홀로 있는 방식』, 김한민 옮김, 민음사, 2018, 113면.
19. 아미타브 고시, 『육두구의 저주』, 김홍옥 옮김, 에코리브르, 2022, 25면.
20. 위의 책, 42면.
21. 위의 책, 43-44면.
22. 릭 리지웨이, 『지도 끝의 모험』, 이영래 옮김, 라이팅하우스, 2023, 437면.
23. 위의 책, 445-447면.
24. 위의 책, 492면.

참고 도서

게리 퍼거슨, 『자연처럼 살아간다』, 이유림 옮김, 덴스토리, 2021.
니코스 카잔차키스, 『모레아 기행』, 이종인 옮김, 열린책들, 2008.
레이먼드 카버, 『우리 모두』, 고영범 옮김, 문학동네, 2022.
릭 리지웨이, 『지도 끝의 모험』, 이영래 옮김, 라이팅하우스, 2023.
마리아 포포바, 『진리의 발견』, 지여울 옮김, 다른, 2020.
비스와바 쉼보르스카, 『읽거나 말거나』, 최성은 옮김, 봄날의책, 2018.
아미타브 고시, 『육두구의 저주』, 김홍옥 옮김, 에코리브르, 2022.
올가 토카르추크, 『다정한 서술자』, 최성은 옮김, 민음사, 2022.
이사 레슈코, 『사로잡는 얼굴들』, 김민주 옮김, 가망서사, 2022.
장수진·김미연, 『마린 걸스』, 에디토리얼, 2023.
존 줄리어스 노리치, 『비잔티움 연대기』, 남경태 옮김, 바다출판사, 2007.
지야 통, 『리얼리티 버블』, 장호연 옮김, 코쿤북스, 2021.
크레이그 포스터·로스 프릴링크, 『바다의 숲』, 이충호 옮김, 해나무, 2021.
패트릭 리 퍼머, 『그리스의 끝, 마니』, 강경이 옮김, 봄날의책, 2014.
페르난두 페소아, 『시는 내가 홀로 있는 방식』, 김한민 옮김, 민음사, 2018.

삶의 발명

초판 1쇄 • 2023년 10월 25일
개정판 1쇄 • 2025년 12월 1일

지은이 • 정혜윤
펴낸이 • 이재현
편집 • 곽성하
디자인 • 오혜진(오와이이)
디자인 도움 • 이주아
제작 • 세걸음

펴낸곳 • 녹스
출판등록 • 제2025-000066호
주소 • 경기도 파주시 돌곶이길 180-38 1층
전화 • 031. 942. 5635
팩스 • 031. 935. 0535
이메일 • nox.et.libro@gmail.com
인스타그램 • nox.et.libro
ISBN 979-11-994058-2-0 03810

ⓒ 정혜윤, 2025

*이 책의 일부 또는 전부를 사용하려면
반드시 저작권자와 출판사 양측의 동의를 얻어야 합니다.